국어 쑥쑥 표현 쑥쑥

초등 사자성어

四字成語

국어 쑥쑥 표현 쑥쑥

초등 사자성어

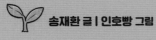

송재환 글 | 인호빵 그림

위즈덤하우스

어린이 독자 여러분, 안녕하세요. 저는 초등학교에서 아이들을 가르치는 선생님입니다. 지금은 3학년을 가르치고 있습니다. 제가 아이들을 가르친 지 어언 25년이 되었습니다. 그간 많은 아이들을 가르치면서 느꼈던 것은 '공부보다는 사람이 먼저 되어야 한다'라는 것이었습니다. 선생님이 어렸을 적에는 부모님이나 선생님들로부터 "사람이 그러면 못써"라는 말을 참 많이 들었던 것 같습니다. 아무리 공부를 잘한다 한들 사람이 못돼먹었다면 그 사람을 어디에 쓸 수 있을까요? 공부보다는 사람다운 사람이 되는 것이 먼저입니다. 여러분은 어떻게 생각하나요?

하지만 요즘 사람들의 생각은 점점 좋은 사람이 되는 것보다는 공부가 더 우선이라고 생각하는 것 같아 안타까울 때가 많습니다. 여러분도 그렇게 생각하나요? 아마 친구들마다 생각이 다를 수도 있을 것 같습니다.

그런데 좋은 사람도 되고, 공부도 잘하게 되는 방법이 있습니다. 그것은 바로 '사자성어(四子成語)'를 공부하는 것입니다. 사자성어란 네 글자가 하나의 낱말처럼 쓰여 어떤 뜻을 나타내는, 일종의 네 글자 낱말이라 할 수 있습니다. '일석이조(一石二鳥)', '작심삼일(作心三日)', '어부지리(漁父之利)'와 같은 말을 알고 있나요? 이것은 일상생활에서도 많이 쓰이는 가장 대표적인 사자성어들입니다. 아마 사자성어에 관심 있는 친구들에게는 매우 쉽겠지만 사자성어를 배우지 않은 친구들은 이게 무슨 말인가 할 겁니다.

사자성어에는 속담처럼 조상들의 지혜와 교훈이 담겨 있습니다. 그래서 사자성어를 공부하면 더 지혜롭고 반듯한 사람이 될 수 있습니다. 뿐만 아니라 사자성어는 한자로 이루어져 있기 때문에 사자성어를 공부하다 보면 자연스럽게 한자어를 많이 알게 됩니다. 우리말은 절반 이상이 한자로 이루어졌을 뿐만 아니라, 교과서에 나오는 중요한 어휘들은 80퍼센트 이상이 한자어로 이루어져 있습니다. 때문에 한자를 모르면 낱말의 뜻을 제대로 알기가 어렵고, 문장을 읽어도 무슨 말인지 이해하기 어렵습니다. 공부를 잘하기 위해서는 어휘력이 좋아야 하는데 어휘력을 높이는 데 한자를 공부하는 것만큼 효과적인 방법은 드뭅니다. 그런데 한자를 공부하는 가장 효과적인 방법이 바로 사자성어를 배우는 것입니다. 한자를 한 자씩 낱자로 공부하면 지루하고 금방 잊어버리지만, 사자성어로 배우면 재미있게 배울 수 있고 기억에도 오래 남습니다.

이 책은 여러분이 사자성어를 재미있게 배우도록 사자성어 한 구절마다 그 구절에 어울리는 만화를 넣었습니다. 아마 지루할 틈이 없을 겁니다. 만화를 읽으면서 여러분이 깔깔거리는 소리가 귀에 들리는 듯합니다. 만화를 반복해서 읽는 것만으로도 여러분의 사자성어 실력이 느는 데 많은 도움이 될 것입니다. 이 책을 읽으면서 사자성어에 재미를 느끼고 한자에 관심을 갖게 된 친구들은『인성 쑥쑥 한자 쑥쑥 초등 사자소학』과『어휘 쑥쑥 논리 쑥쑥 초등 명심보감』책을 차례대로 공부해 보기 바랍니다. 여러분을 깊이 생각하는 사람으로 만들어 줄 뿐만 아니라, 자신의 인생을 바꾸어 줄 수 있는 명구절을 만날 수도 있을 것입니다.

선생님은 이 책을 통해 여러분이 사람다운 사람이 되고 공부도 잘하는 사람이 되기를 바랍니다. 여러분은 분명 이런 사람이 될 것입니다.

초등교사작가 송재환

이 책은 어떻게 구성되어 있을까?

이 책은 55구절로 이루어져 있습니다. 각 구절은 크게 '뜻풀이', '다 같이 생각하고 표현해요', '따라 읽고 따라 쓰기', '오늘의 퀴즈' 네 부분으로 구성되어 있습니다. 각 부분은 다음과 같은 의도로 구성되었습니다.

만화 사자성어

어쩌면 아이는 만화부터 다 읽을지도 모릅니다. 아이가 이런 모습을 보이더라도 만화만 읽지 말라고 닦달하지 마세요. 만화를 읽다 보면 사자성어 구절에 흥미가 생기고, 한번 흥미가 일어나면 쉽게 학습해 나갈 수 있습니다.

날짜

이 책은 하루에 한 구절씩 약 2개월에 걸쳐 사자성어를 익히도록 구성되어 있습니다. 각 구절에 배우는 날짜를 적으세요!

위 구절의 뜻을 함께 생각해 볼까요?

그날 배워야 하는 사자성어 구절의 뜻을 좀 더 쉽고 구체적으로 풀이했습니다. 이 뜻풀이를 읽으면서 그동안 몰랐던 사실을 깨닫게 되기도 할 것입니다. 만약 부모님이 시간적 여유가 있어 자녀와 같이 한다면 부모님의 언어로 풀어서 설명해 주면 더욱 좋을 것입니다.

다 같이 생각하고 표현해요

구절의 뜻을 내 마음에 새기기 위해 깊이 묵상하고 내 삶의 모습을 비추어 봐야 합니다. 사자성어를 읽는 목적은 지식이나 좀 늘리고 아는 척이나 하자는 것이 아닙니다. 자신을 갈고닦으며 변화시켜 훌륭한 사람이 되기 위함입니다. 이 책에서 가장 중요한 부분이므로 부모님이 가장 신경 써서 확인해 주실 필요가 있습니다. 말하기, 글쓰기와 같은 표현력을 넓힐 뿐만 아니라, 아이 스스로를 되돌아볼 수 있는 시간이 될 것입니다.

입으로 소리 내어 읽으면서 손으로 직접 써 보세요

사자성어 구절을 큰 소리로 읽어 가면서 손으로 직접 써 보는 코너입니다. 구절을 소리 내어 읽으면서 한자와 그 뜻을 힘주어 쓰다 보면 가슴에 아로새겨질 것입니다. 정성껏 쓰노라면 흐트러진 글씨체도 바로잡을 수 있습니다. 그대로 따라 쓰는 형식으로 구성했으니 크게 어렵지 않을 것입니다. 다만 한자 따라 쓰기는 아이에 따라 어려워할 수 있습니다. 그래도 한번 써 보면 아이 실력 향상에 매우 도움이 됩니다. 쉬운 한자는 반복해서 많이 나옵니다. 자꾸 반복해서 적다 보면 자연스레 암기할 수 있습니다.

오늘의 퀴즈

매 구절마다 세 문제가 제공됩니다. 1번은 사자성어의 뜻을 새기며 구절을 익히는 빈칸 채우기 문제입니다. 2번과 3번은 구절 속 한자를 쓰는 문제입니다. 한자를 써 본 경험이 없는 아이도 한두 번 쓰다 보면 가랑비에 옷 젖듯이 한자 실력이 좋아지고 어휘도 늘어날 것입니다. 아이가 많이 어려워한다면 1번 문제만 풀리는 것도 좋은 방법입니다.

‘오늘의 퀴즈’ 정답지 활용

이 책에는 별도의 ‘오늘의 퀴즈’ 정답지가 있습니다. 오늘의 퀴즈가 어렵지 않아서 아이 혼자서도 해결할 수 있겠지만, 부모님이 정답지를 가지고 채점하시면서 다른 과제들도 잘 수행했는지 점검해 주세요.

여러 용도로 다르게 쓰이는 한자의 표기

한자 중에는 한 가지로 쓰이지 않고 여러 가지로 쓰이는 한자도 있습니다. 예를 들어 ‘갈 지 之’는 보통은 ‘가다’라는 뜻으로 쓰이지만, 문장의 중간에서 ‘어조사 지之’로 쓰여 ‘~의’를 뜻하기도 합니다. 문장 맨 마지막에 쓰이는 경우에는 ‘이것 지之’같이 지시대명사로 쓰이기도 합니다. ‘지之’자처럼 구절 속 위치나 쓰임에 따라 다르게 쓰이는 한자는 그 뜻을 다르게 표기했으니 참고하시길 바랍니다.

차례

2장

인간관계 편

좋은 관계를 맺는 법

3장

노력과 성공 편

스스로를 바로 세우는 일

4장

역경과 지혜 편

힘든 순간에 빛나는 인생의 통찰

5장

특별부록 1

부모님을 위한 사자성어 가이드

사자성어를 어떻게 가르쳐야 할까?

특별부록 2

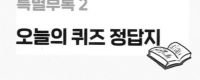

'말 한마디로 천 냥 빚을 갚는다.'
'가는 말이 고와야 오는 말이 곱다.'
'호랑이는 가죽 때문에 죽고, 사람은 말 때문에 죽는다.'

모두 말과 관련된 속담들입니다. 속담 중에는 유독 말과 관련된 속담이 많습니다. 왜 그럴까요? 그만큼 말이 중요하기 때문입니다. 그 사람의 말을 들어 보면 그 사람의 생각과 마음을 알 수 있습니다.
좋은 사람이란 어떤 사람일까요? 좋은 말을 하는 사람입니다. 좋은 말이란 긍정적인 말, 교양 있는 말, 상대방을 받아 주는 말, 감사의 말입니다. 이런 말들을 쓰는 사람은 가까이하세요. 반드시 좋은 사람일 테니까요.
반대로 나쁜 사람은 어떤 사람일까요? 나쁜 말을 하는 사람입니다. 나쁜 말이란 부정적인 말, 상스러운 말, 상대방을 배척하는 말, 불평불만의 말입니다. 이런 말들을 쓰는 사람은 멀리하세요. 반드시 나쁜 사람일 테니까요.
나는 어떤 사람인가요? 내 입에서 나오는 말을 잘 살펴보기 바랍니다. 여러분이 내뱉는 말로 많은 사람들이 행복해지면 좋겠습니다.

1장

말의 중요성 편

말 한마디가 주는 힘

01

감언이설 : 달콤한 말과 이로운 말
甘言利說

"달콤한 말과 이로운 말로 남을 꾀다."

짜잔~!
이게 낫나?
그럼! 훨씬 나아! 완전 똑똑해 보이고! 잘생겨 보여! 우리나라 독서 동아리 회장 중에서 형이 제일 멋있을 거야!
씨익~
어? 쫑파티 간다며, 웬 독서실 패션이야?
아…
어? 혀니다!
형들~ 안녕~
저거 네 옷 아니야?
크흑~ 혀니의 **감언이설**에 속다니.

20_____년_____월_____일

甘	言	利	說	달콤한 말과 이로운 말
달 감	말씀 언	이로울 이	말씀 설	

뜻풀이

감언이설(甘言利說) : 달콤한 말과 이로운 말로 남을 꾀다.

위 구절의 뜻을 함께 생각해 볼까요?

중국 당나라 현종 때에 '이임보'라는 사람은 달콤한 말과 이로운 말로 황제의 비위를 잘 맞췄다고 합니다. 그래서 현종은 이임보의 꾀임에 빠져 나라를 망치게 됩니다. 현종은 뒤늦게 후회했지만 소용없는 일이었습니다. 다른 사람을 꾀기 위해 하는 감언이설을 조심해야 합니다. 자신에게 너무 듣기 좋은 말과 달콤한 말로 다가오는 사람을 주의하기 바랍니다.

다 같이 생각하고 표현해요.

1. 甘言利說(감언이설)이 들어간 문장을 적어 보세요.

예시 : 너는 감언이설로 나를 꼬셨다.

1.

2.

2. 주변에 甘言利說(감언이설)을 잘하는 친구가 있나요? 그 친구에게 해 주고 싶은 말은 무엇인가요?

입으로 소리 내어 읽으면서 손으로 직접 써 보세요.

甘	言	利	說	달콤한 말과 이로운 말
달 **감**	말씀 **언**	이로울 **이**	말씀 **설**	

감	언	이	설	:	달	콤	한		말
과		이	로	운		말			

오늘의 퀴즈

1. '달콤한 말과 이로운 말로 남을 꾀다'라는 뜻을 가진 사자성어입니다. □ 안에 알맞은 말을 넣어 사자성어를 완성해 보세요.

감		이	

2. '언어', '언변', '언사'와 같은 말에 공통적으로 들어가는 '언'은 '말씀'이라는 의미를 가지고 있습니다. '말씀 언'을 찾아 한자로 적어 보세요.

---

3. '이익', '이자', '이롭다' 등에 쓰인 '이'는 이익이나 이득을 의미합니다. '이롭다'라는 뜻을 가진 한자를 찾아 적어 보세요.

02

금시초문 : 이제야 비로소 처음 듣는다

今 始 初 聞

"어떤 말을 바로 지금 처음 듣는다."

싸우면 벌금 삼천 원이라고 했지?
벌금이요?!!
그래! 벌금! 이번 주부터 벌금제도 있을 거라고 했잖아.
너 벌금 얘기 들었어?
아니, **금시초문**인데?
나도! 엄마! 저희는 벌금 얘기 처음 들어요!
아니야~ 며칠 전에 엄마가 분명히…
헤헤~ 알겠어요~! 이제 알았으니까~ 지금까지는 봐 주세요~
끄덕끄덕~
동생아, 다음부턴 빌려간 물건은 잘 돌려주길 바래~
그럼 우리 이제 숙제나 할까?
그러자~ 형!
엄마~ 벌금 얘기 언제 하셨어요? 저도 처음 듣는데.
한 적 없지롱~
헉!

20_____년_____월_____일

今	始	初	聞	이제야 비로소 처음 듣는다.
이제 금	비로소 시	처음 초	들을 문	

뜻풀이

금시초문(今始初聞) : 어떤 말을 바로 지금 처음 듣는다.

위 구절의 뜻을 함께 생각해 볼까요?

어떤 새로운 정보나 소식을 바로 지금 처음으로 들을 때, 놀라움의 표현으로 일상생활에서 많이 쓰이는 사자성어입니다. 예를 들어 엄마가 "오늘 5시까지 숙제 다 끝내 놓으라고 했니, 안 했니?"라고 할 때, "엄마, 저는 금시초문인데요? 엄마가 언제 그러셨어요?"라고 답할 수 있을 겁니다. 今始初聞(금시초문)에서 '비로소 시'를 '時(때 시)'로 바꿔서 今時初聞(금시초문)으로 사용하기도 합니다.

다 같이 생각하고 표현해요.

1. 今始初聞(금시초문)이 들어간 문장을 적어 보세요.

예시 : 그런 말은 금시초문인데요.

1.

2.

2. 최근에 겪은 일 중에서 今始初聞(금시초문)과 같은 일이 있었나요? 혹시 내가 듣고 싶은 今始初聞(금시초문) 소식이 있다면 어떤 소식이 있는지 적어 보세요.

입으로 소리 내어 읽으면서 손으로 직접 써 보세요.

今	始	初	聞	이제야 비로소 처음 듣는다.
이제 **금**	비로소 **시**	처음 **초**	들을 **문**	

금	시	초	문	:	이	제	야		비
로	소		처	음		듣	는	다	.

오늘의 퀴즈

1. '이제야 비로소 처음 듣는다'라는 뜻을 가진 사자성어입니다. □ 안에 알맞은 말을 넣어 사자성어를 완성해 보세요.

금			문

2. '금방', '방금', '금일', '금세' 등에 쓰이는 '금'은 '이제', '지금'의 뜻을 가지고 있습니다. '이제 금'을 찾아 한자로 적어 보세요.

3. '초장', '시초', '초등' 등에 쓰인 '초'는 '처음'이나 '시작한다'라는 뜻을 가지고 있습니다. '처음 초'를 찾아 한자로 적어 보세요.

03

단도직입 : 홀로 칼을 휘두르며 곧장 적진으로 들어간다

單刀直入

"여러 말을 늘어놓지 않고 요점을 바로 말하다."

똑똑
아빠~ 바쁘세요?
응~ 조금… 왜?
아, 아니에요~ 작업하세요~
쾅
?
똑똑
아빠 요즘 연재 잘 되어 가세요?
응! 힘들지만 열심히 하고 있지~! 왜?
헤헤, 아니에요~
쾅
똑똑
아빠…
너희들… 다 들어와~!

너희들 아빠한테 할 말 있지?
끄덕끄덕…
빙빙 돌리지 말고, 단도직입적으로 얘기해 봐.
네! 그럼 제가 말씀드릴게요!
저희 용돈 좀 올려 주시면 안 돼요?
그건…!
크흑~ 아빠도 용돈이 부족해. 엄마한테 다 같이 얘기하자~!
안 돼!! 아껴 쓰세요~!!
크흑~

20____년____월____일

單	刀	直	入	홀로 칼을 휘두르며 곧장 적진으로 들어간다.
홑 단	칼 도	곧을 직	들 입	

뜻풀이 **단도직입**(單刀直入) : **여러 말을 늘어놓지 않고 요점을 바로 말하다.**

위 구절의 뜻을 함께 생각해 볼까요?

말을 할 때 돌려 말하지 않고, 바로 해야 할 말과 요점을 말하는 것을 일컬을 때 쓰는 말입니다. 혼자 칼을 들고 적진으로 돌진하는 모습이 용감하다고 생각될 수도 있습니다. 하지만 경우에 따라서는 무모하게 느껴질 것입니다. 단도직입적으로 말하는 것도 그렇습니다. 말을 할 때 단도직입적으로 말하는 것이 좋을지 안 좋을지를 잘 따져서 말하는 지혜로운 친구들이 되기를 바랍니다.

다 같이 생각하고 표현해요.

1. 單刀直入(단도직입)이 들어간 문장을 적어 보세요.

예시 : 돌려 말하지 않고 단도직입적으로 말할게.

1.

2.

2. 單刀直入(단도직입)적으로 말할 때 좋은 점과 안 좋은 점을 적어 보세요.

입으로 소리 내어 읽으면서 손으로 직접 써 보세요.

單	刀	直	入	홀로 칼을 휘두르며 곧장 적진으로 들어간다.
홑 **단**	칼 **도**	곧을 **직**	들 **입**	

단	도	직	입	:	홀	로		칼	을
휘	두	르	며		곧	장		적	진
으	로		들	어	간	다	.		

오늘의 퀴즈

1. '홀로 칼을 휘두르며 적진으로 들어간다'라는 뜻을 가진 사자성어입니다. □ 안에 알맞은 말을 넣어 사자성어를 완성해 보세요.

단			입

2. '정직', '직선', '솔직' 등에 쓰이는 '직'은 곧거나 바르다는 뜻을 가지고 있습니다. 우리말의 '곧다'라는 뜻을 가진 '곧을 직'을 찾아 한자로 적어 보세요.

---

3. '입학', '입장', '입실' 등에 쓰인 '입'은 모두 '들어가다'라는 뜻을 가지고 있습니다. '들 입'을 찾아 한자로 적어 보세요.

04

동문서답 : 동쪽을 물으니 서쪽을 답한다
東問西答

"묻는 말에 전혀 맞지 않는 엉뚱한 대답을 함."

오빠! 내 방에 들어왔었지?!
어? 어, 왜?
내 방에 들어와서 뭐 했어?
그냥 아무도 없길래 바로 나왔는데?
내 책상 위에 있던 사탕 오빠가 먹었지?
아냐, 안 먹었어~!
그럼 이건 뭐야?
그게 뭐야? 오~ 사탕 봉지 진짜 이쁘다~! 그림도 멋지고… 색도 예쁘고… 진짜 멋있다! 이 봉지 디자이너가 누굴까?

왜 동문서답을 하고 그래~! 내 사탕 어쨌냐고~~!!
나 진짜 안 먹었다니까~
힝~ 그럼 내 사탕이 어딜 갔냐고~~
엄마가 치웠어! 사탕 그만 먹으라고 했는데 왜 자꾸 몰래 사탕을 먹는 거야?
아…
오~ 정말 오빠 말이 맞네~! 이 봉지 진짜 멋있다! 오빠! 우리 디자이너가 누군지 검색해 보자!
아깐 나보고 동문서답 한다고 뭐라 하더니…
뭐? 밖에서 놀자고? 날씨도 좋은데 그럴까? 호호~ 재밌겠다~ 술래잡기 하자~
엄마~ 랄라가 이상해요~~ 살려 줘요~~

20_____년_____월_____일

東	問	西	答	동쪽을 물으니 서쪽을 답한다.
동녘 동	물을 문	서녘 서	대답할 답	

뜻풀이 **동문서답**(東問西答) **: 묻는 말에 전혀 맞지 않는 엉뚱한 대답을 함.**

위 구절의 뜻을 함께 생각해 볼까요?

묻는 말에 전혀 맞지 않는 엉뚱한 대답을 할 때 쓰는 사자성어입니다. 질문을 이해하지 못하거나 질문이 너무 어려울 때 엉뚱한 답변을 하게 됩니다. 또는 질문을 이해했지만 답변하기 곤란할 때 엉뚱한 답변을 해서 관심을 돌리려고도 합니다. 예를 들면 시험을 망쳤는데, 엄마가 시험에 대해 물으면 못 들은 척하며 엉뚱한 답변을 하는 때입니다. 여러분에게는 동문서답하는 상황이 많이 없었으면 좋겠습니다.

다 같이 생각하고 표현해요.

1. 東問西答(동문서답)이 들어간 문장을 적어 보세요.

예시 : 내가 묻는 말에나 대답하지, 웬 동문서답이니?

1.

2.

2. 최근에 겪은 일 중에서 東問西答(동문서답)을 경험했던 일과 그 일을 겪었을 때 자신의 생각이나 느낌도 간단하게 적어 보세요.

입으로 소리 내어 읽으면서 손으로 직접 써 보세요.

東	問	西	答	동쪽을 물으니 서쪽을 답한다.
동녘 **동**	물을 **문**	서녘 **서**	대답할 **답**	

동	문	서	답	:	동	쪽	을		물
으	니		서	쪽	을		답	한	다
.									

오늘의 퀴즈

1. '동쪽을 물으니 서쪽을 답한다'라는 뜻을 가진 사자성어입니다. □ 안에 알맞은 말을 넣어 사자성어를 완성해 보세요.

동		서	

2. 묻고 답하는 것을 '문답'이라고 합니다. 질문과 답변을 합친 말이라고 할 수 있습니다. '문답'을 찾아 한자로 적어 보세요.

3. '동쪽', '서쪽', '남쪽', '북쪽'의 네 방위를 아울러서 '동서남북'이라 부르고 이를 '사방(四方)'이라고 합니다. 동서남북에서 동쪽과 서쪽을 의미하는 한자를 찾아 적어 보세요.

05

마이동풍 : 말의 귀에 스치는 동쪽 바람

馬耳東風

"남의 말을 귀담아듣지 않고 그냥 흘려보내다."

쾅!
랄라야!! 엄마가 아까부터 계속 불렀는데 못 들었니?
꽃잎이 하나둘씩 흩날리고 구름이 흘러갑니다.
나는 잔디 위에 누워 아름다운 풍경을 바라봅니다. 아~ 세상은 정말 아름다워요!
엄마~ 아름다운 음악을 감상하니까 자꾸 시가 떠올라요~ 죄송하지만 할 말은 나중에 해 주세요~
지금은 제게 무슨 말씀을 하셔도 **마이동풍**이거든요~
공부시간
이제 공부할 시간인데…

숙제는 이따가
하면 되지~
시가 떠오른다잖아~
랄라 숙제
시키는 게 얼마나 힘든데…
그럼 이따가
당신이 책임지고 해 줘~!
알겠어,
알겠어~!
랄라야~ 아빠랑 같이 듣자~!
무슨 곡이길래 시가 떠오를…
!!
뭐야?
아무것도 안 듣고
있었잖아?
랄라야…?
…
숙제할까?
엽!
파파
파팟

20____년____월____일

馬	耳	東	風	말의 귀에 스치는 동쪽 바람
말 마	귀 이	동녘 동	바람 풍	

뜻풀이

마이동풍(馬耳東風) : 남의 말을 귀담아듣지 않고 그냥 흘려보내다.

위 구절의 뜻을 함께 생각해 볼까요?

아무리 좋은 소리를 해도 듣지 않고 그냥 무심히 흘려버리는 것을 이르는 말입니다. 이 사자성어와 아주 비슷하게 쓰이는 속담이 하나 있는데 '쇠귀에 경 읽기'입니다. 소의 귀에 불경이나 성경을 읽어 준다고 소가 알아들을 리가 없겠지요. 부모님이나 선생님 말에 마이동풍 식으로 반응하는 친구들은 없겠지요? 다른 사람의 말은 귀담아듣는 것이 좋습니다.

다 같이 생각하고 표현해요.

1. 馬耳東風(마이동풍)이 들어간 문장을 적어 보세요.

예시 : 이렇게 마이동풍 식으로 엄마 말을 무시하면 어떡하니?

1. ______

2. ______

2. 최근에 겪은 일 중에서 馬耳東風(마이동풍)을 경험한 일이 있었나요? 남의 말을 경청하기 위해서는 어떻게 해야 할까요?

______

______

입으로 소리 내어 읽으면서 손으로 직접 써 보세요.

馬	耳	東	風	말의 귀에 스치는 동쪽 바람
말 **마**	귀 **이**	동녘 **동**	바람 **풍**	

마	이	동	풍	:	말	의		귀	에
스	치	는		동	쪽		바	람	

오늘의 퀴즈

1. '말의 귀에 스치는 동쪽 바람'이라는 뜻을 가진 사자성어입니다. □ 안에 알맞은 말을 넣어 사자성어를 완성해 보세요.

	이		풍

2. 말의 힘을 뜻하는 '마력', 매우 훌륭한 말을 이르는 '명마' 등에 쓰이는 '마'는 '말'을 의미합니다. '말 마'를 찾아 한자로 적어 보세요.

---

3. 바람의 속도를 뜻하는 '풍속', 바람의 방향을 뜻하는 '풍향' 등에 쓰인 '풍'은 '바람'을 의미합니다. '바람 풍'을 찾아 한자로 적어 보세요.

06

박장대소 : 손뼉을 치며 크게 웃음

拍 掌 大 笑

"손바닥으로 박수를 치며 크게 웃는 모습"

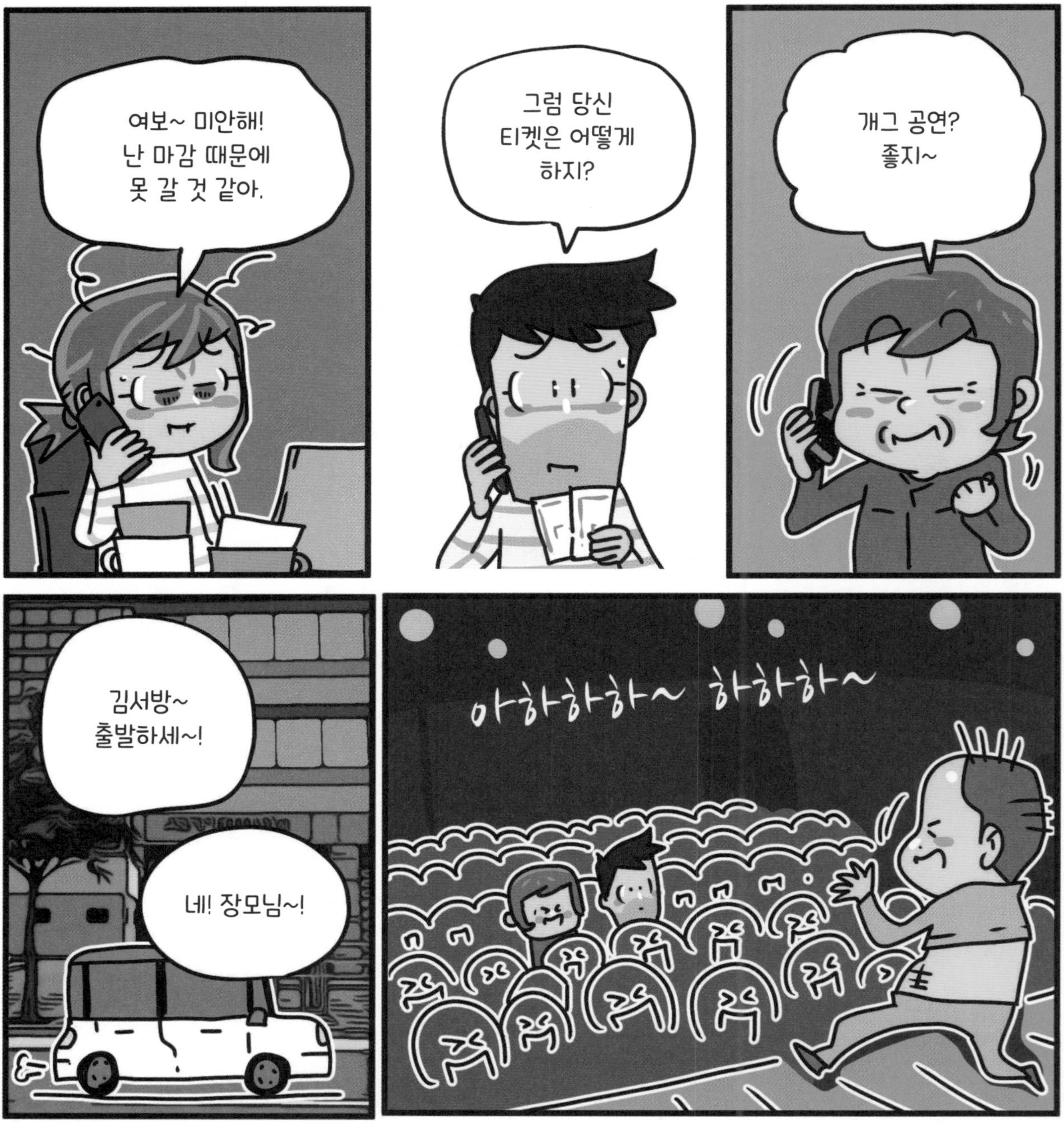

여보~ 미안해! 난 마감 때문에 못 갈 것 같아.
그럼 당신 티켓은 어떻게 하지?
개그 공연? 좋지~
김서방~ 출발하세~!
네! 장모님~!
아하하하~ 하하하~

아… 아내가 정말 보고 싶어했던 공연인데…
김서방! 나랑 와서 재미 없나? 다들 **박장대소**하며 보는데, 자네만 웃질 않으니…
아니에요~ 저도 재밌어요~!
그럼 좀 크게 웃어 봐~
네… 하하… 잘한다~ 하하…
더 크게!
파하하하하~~!!!
푸하하하~
푸하하하~~ 그래. 그렇게 웃어야지~!
푸하하하~

20____년____월____일

拍	掌	大	笑	손뼉을 치며 크게 웃음.
칠 박	손바닥 장	큰 대	웃을 소	

뜻풀이

박장대소(拍掌大笑) : 손바닥으로 박수를 치며 크게 웃는 모습

위 구절의 뜻을 함께 생각해 볼까요?

사람들은 크게 웃을 때 보통 박수를 치거나 책상을 두드리면서 웃습니다. 이런 모습을 일러 박장대소라고 합니다. 배를 움켜쥐고 데굴데굴 구르면서 크게 웃는 경우도 있는데, 이런 상황을 '포복절도(抱腹絶倒)'라고 합니다. 박장대소와 포복절도는 모두 아주 크게 웃을 때 쓸 수 있는 사자성어입니다. 여러분 인생 가운데 박장대소할 만큼 재미있는 일들이 많이 일어나기를 바랍니다.

다 같이 생각하고 표현해요.

1. 拍掌大笑(박장대소)가 들어간 문장을 적어 보세요.

예시 : 엄마는 내 이야기가 재미있었는지 박장대소하셨다.

1.

2.

2. 최근에 拍掌大笑(박장대소)할 만큼 크게 재미있거나 즐거웠던 일이 있었나요? 그때 나의 기분을 적어 보세요.

입으로 소리 내어 읽으면서 손으로 직접 써 보세요.

拍	掌	大	笑	손뼉을 치며 크게 웃음.
칠 **박**	손바닥 **장**	큰 **대**	웃을 **소**	

박	장	대	소	:	손	뼉	을		치
며		크	게		웃	음	.		

오늘의 퀴즈

1. '손뼉을 치며 크게 웃음'이라는 뜻을 가진 사자성어입니다. □ 안에 알맞은 말을 넣어 사자성어를 완성해 보세요.

		대	소

2. '박수', '박자' 등에 쓰인 '박'은 '친다'라는 뜻을 가졌습니다. '칠 박'을 찾아 한자로 적어 보세요.

---

3. '미소', '폭소', '조소', '냉소' 등은 모두 웃음의 종류입니다. 우리말의 '웃는다'라는 뜻을 가진 '웃을 소'를 찾아 한자로 적어 보세요.

07

시시비비 : 옳은 것을 옳다고 하고, 그른 것을 그르다고 함
是是非非

"옳고 그름을 분명하게 하다."

오빠들,
우리 왔어~
친구들이랑
재밌게 놀았어?
응! 내 친구들이
엄마가 아빠보다 나이
많다고 하니까 깜짝
놀랐어! 엄마가 더
어린 줄 알았대~!
그래?
훗!
호호~ 당연하지~
엄마가 좀 많이
동안이잖아~!
에이~ 동안이어서가 아니라,
그냥 다른 엄마들이 아빠보다
나이가 어리니까 당신도
그런 줄 안 거지~!
집 앞
가게 사장님도
내가 한 살 연상
이라니까 깜짝
놀라셨잖아?

에이~ 당신이 나보다
흰머리가 훨씬
많은데 무슨…
흰머리?
당신 지금 나랑
시시비비를 가려
보자는 거야?
그만두세요~
부질없는 싸움이에요.
에휴~
저녁에 갈비 해 주려고 했는데…
그냥 김치랑 간단히 먹어야겠…
!
여보!!
당신이 온통 백발이라고 해도
나보다 20년은
어려 보일거야!
이렇게 귀엽고
사랑스러운데!
당연하지!
아유~
완전 동안!
동안!
흥… 진작
그렇게 나올 것이지…
저녁은
갈비다!!
갈비찜
이예쓰!!

20____년____월____일

是	是	非	非	옳은 것을 옳다고 하고, 그른 것을 그르다고 함.
옳을 시	옳을 시	그를 비	그를 비	

뜻풀이

시시비비(是是非非) : 옳고 그름을 분명하게 하다.

위 구절의 뜻을 함께 생각해 볼까요?

친구들과 시비를 가리기 위해 말다툼을 한 적이 있을 것입니다. '시비(是非)'는 누가 옳은지 그른지 따지면서 하는 말다툼을 의미합니다. 시시비비(是是非非)는 시비(是非)를 좀 더 강조한 말이라 할 수 있습니다. 자꾸 따지고 꼬치꼬치 캐묻는 친구에게 "나한테 시비 걸지 마"라고 말할 수 있습니다. 옳고 그름은 따져야겠지만 여러분은 상대의 잘못에 대해 가끔은 눈감아 줄 수 있는 아량을 가진 사람들이 되기 바랍니다.

다 같이 생각하고 표현해요.

1. 是是非非(시시비비)가 들어간 문장을 적어 보세요.

예시 : 누가 잘하고 잘못했는지 시시비비 좀 가려보자.

1.

2.

2. 친구가 나에게 시비를 걸거나 내가 친구에게 시비를 건 일이 있나요? 그 일을 겪으면서 느꼈던 자신의 느낌이나 생각을 적어 보세요.

입으로 소리 내어 읽으면서 손으로 직접 써 보세요.

是	是	非	非	옳은 것을 옳다고 하고, 그른 것을 그르다고 함.
옳을 **시**	옳을 **시**	그를 **비**	그를 **비**	

시	시	비	비	:	옳	은		것	을
옳	다	고		하	고	,	그	른	
것	을		그	르	다	고		함	.

오늘의 퀴즈

1. '옳은 것을 옳다고 하고 그른 것을 그르다고 한다'라는 뜻을 가진 사자성어입니다. □ 안에 알맞은 말을 넣어 사자성어를 완성해 보세요.

시			비

2. 서로 자기가 옳으니 그르니 하면서 말다툼하는 것을 '시비하다'라고 합니다. 옳고 그름을 나타내는 '시비'를 한자로 적어 보세요.

---

3. 옳고 바르게 바로잡는 것을 일러 '시정하다'라고 합니다. '시정'에서 '옳을 시'를 찾아 한자로 적어 보세요.

08

어불성설 : 말이 말도 안 된다

語 不 成 說

"말의 이치가 맞지 않음."

그렇게 따지면 내 몸무게가 더 나가니까 내 몸이 제일 큰 거 아니야? 그러니까 내가 먹어야겠네!
내 배꼽이 제일 커! 그러니까 내가 먹을 거야!
내 콧구멍이 제일 크거든?
내 이마가 제일 넓어! 내가 먹을 거야!
에휴~ 다 **어불성설**이야~! 잘 봐~! 이렇게 하면 되잖아~?!
?
이제 됐지?
오오~~
혹시 천재세요?
훗!

20____년____월____일

語	不	成	說	말이 말도 안 된다.
말씀 어	아니 불	이룰 성	말씀 설	

뜻풀이

어불성설(語不成說) : 말의 이치가 맞지 않음.

위 구절의 뜻을 함께 생각해 볼까요?

말은 말인데 앞뒤가 하나도 맞지 않은 말을 이를 때 쓰는 말입니다. 친구가 정말 말도 안 되는 말을 할 때 "네가 하는 말은 정말 어불성설이다"라고 말할 수 있는 사자성어입니다. '호랑이는 가죽 때문에 죽고, 사람은 혀 때문에 죽는다'는 말이 있습니다. 사람은 말을 조심해야 합니다. 말 한마디로 천 냥 빚을 갚을 수도 있지만, 말 한마디 잘못하면 목숨이 위태로울 수도 있습니다. 말을 아무렇게나 해도 된다는 생각은 정말 어불성설입니다.

다 같이 생각하고 표현해요.

1. 語不成說(어불성설)이 들어간 문장을 적어 보세요.

예시 : 내가 그 여자애를 좋아한다는 것은 정말 어불성설이다.

1.

2.

2. 최근에 겪은 일 중에서 정말 말도 안 되는 語不成說(어불성설)과 같은 일을 겪었나요? 이럴 때 나는 주로 어떻게 반응하나요?

입으로 소리 내어 읽으면서 손으로 직접 써 보세요.

語	不	成	說	말이 말도 안 된다.
말씀 **어**	아니 **불**	이룰 **성**	말씀 **설**	

어불성설 : 말이 말도 안 된다.

오늘의 퀴즈

1. '말이 말도 안 된다'라는 뜻을 가진 사자성어입니다. □ 안에 알맞은 말을 넣어 사자성어를 완성해 보세요.

어			설

2. '언어', '단어', '국어' 등에 쓰이는 '어'는 '말'이라는 뜻을 가지고 있습니다. '말씀 어'를 찾아 한자로 적어 보세요.

3. '성공', '성취', '성장' 등에 쓰인 '성'은 '이루다'라는 의미를 가지고 있습니다. '이룰 성'을 찾아 한자로 적어 보세요.

09

언중유골 : 말 속에 뼈가 있다
言 中 有 骨

"예사로운 말 속에 단단한 속뜻이 들어 있음."

난 엄마 뱃살이 젤 좋아요~ 말랑말랑해서 만지면 기분이 좋거든요~!
조물조물
조물조물
어? 아빠랑 똑같네! 아빠도 엄마 뱃살이 좋아~ 한없이 넓고 크잖아~ 꼭 엄마의 마음처럼…
뭐지? **언중유골** 같은데?

언중유골
아니야~
정말로 넓고 큰 당신의 마음 같아서 뱃살을 좋아하는 거야~
아빠~ 장난 그만하세요~
장난이 아니야~! 넓고 큰 뱃살의 장점이 얼마나 많은데! 앞으로 넘어져도 다치지 않게 지켜 주잖아~ 하하하!
넓고 큰 뱃살 맛 좀 볼래?!!!
!!
와우~! 역시 최고야~~
아하하하하...
뻥!

20____년____월____일

言	中	有	骨	말 속에 뼈가 있다.
말씀 언	가운데 중	있을 유	뼈 골	

뜻풀이

언중유골(言中有骨) : 예사로운 말 속에 단단한 속뜻이 들어 있음.

위 구절의 뜻을 함께 생각해 볼까요?

얼핏 들으면 농담처럼 들리지만 잘 생각해 보면 그 속에 진심이나 비판이 담겨 있는 경우를 이를 때 쓰입니다. 상대방을 지적할 때 직접적으로 하지 않고 농담처럼 말하며, 그 속에 진심을 담는 경우가 있습니다. 이를 들은 상대가 '말 속에 뼈가 있는 것 같다'라고 말할 수 있습니다. 직접 대놓고 말하는 것보다는 한결 부드러운 표현을 할 수 있을 것입니다.

다 같이 생각하고 표현해요.

1. 言中有骨(언중유골)이 들어간 문장을 적어 보세요.

예시 : 네가 방금 한 농담은 언중유골인 것 같다.

1.

2.

2. 사람들과의 대화에서 言中有骨(언중유골) 경험이 있나요? 상대방을 비판할 때는 어떻게 말하면 좋을지 적어 보세요.

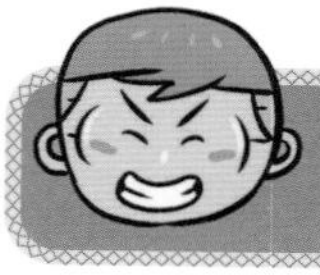

입으로 소리 내어 읽으면서 손으로 직접 써 보세요.

言	中	有	骨	말 속에 뼈가 있다.
말씀 **언**	가운데 **중**	있을 **유**	뼈 **골**	

언	중	유	골	:	말		속	에	
뼈	가		있	다	.				

오늘의 퀴즈

1. '말 속에 뼈가 있다'라는 뜻을 가진 사자성어입니다. □ 안에 알맞은 말을 넣어 사자성어를 완성해 보세요.

		유	골

2. '발 없는 말이 천 리 간다', '낮말은 새가 듣고, 밤말은 쥐가 듣는다'는 모두 말과 관련된 속담들입니다. '말'에 해당하는 '말씀 언'을 찾아 한자로 적어 보세요.

---

3. 뼈가 부러진 것을 '골절'이라 하고, 뼈대를 '골격'이라 합니다. '골절', '골격' 등에 공통으로 쓰인 '골'은 뼈를 의미합니다. '뼈 골'을 찾아 한자로 적어 보세요.

10

유구무언 : 입이 있으나 할 말이 없음

有口無言

"입이 있지만 잘못이 분명해 변명할 말이 없다."

하아~ 이럴 때마다 빨래 담당자로서 정말 힘들어~!
힝… 너무 미안해서 **유구무언**이야…
당신, 작년에도 책가방 손세탁하기 귀찮다고 세탁기에 그냥 넣어서 어떻게 됐어? 그때도 다 빨간색 물 들었었잖아~
아… 그랬었지…
5년 전에는 기저귀 넣어서 어떻게 됐지?
아..
7년 전에는 지갑도 넣었었고… 10년 전에는 두루마지 화장지도 넣었었고….
뿅!
앗! 여보! 여보~~ 내가 잔소리가 너무 심했지?
에휴~ 그래… 잔소리해서 뭐하냐~ 관두자~!
휴우~ 다행이다.

20____년____월____일

有	口	無	言	입이 있으나 할 말이 없음.
있을 유	입 구	없을 무	말씀 언	

뜻풀이

유구무언(有口無言) : 입이 있지만 잘못이 분명해 변명할 말이 없다.

위 구절의 뜻을 함께 생각해 볼까요?

'입이 열 개라도 할 말이 없다'라는 표현을 아시나요? 자신의 잘못이 너무나도 분명해서, 입이 있지만 변명할 여지가 없을 때 쓰는 사자성어입니다. '유구무언'은 자신이 잘못한 것이 너무 명백하여 변명조차 할 수 없을 때 쓰는 말이니 이런 말은 자주 쓰지 않는 것이 좋겠지요?

다 같이 생각하고 표현해요.

1. 有口無言(유구무언)이 들어간 문장을 적어 보세요.

예시 : 이번 상황에 대해서는 유구무언입니다.

1. ______________________________

2. ______________________________

2. 최근에 겪은 일 중에서 有口無言(유구무언) 상황이 있었나요? 그때 상대방에게 어떻게 말을 했나요?

____

____

입으로 소리 내어 읽으면서 손으로 직접 써 보세요.

有	口	無	言	입이 있으나 할 말이 없음.
있을 **유**	입 **구**	없을 **무**	말씀 **언**	

유	구	무	언	:	입	이		있	으
나		할		말	이		없	음	.

오늘의 퀴즈

1. '입이 있으나 할 말이 없다'라는 뜻을 가진 사자성어입니다. □ 안에 알맞은 말을 넣어 사자성어를 완성해 보세요.

유		무	

2. '출구', '입구', '인구' 등에 사용된 '구'는 '입'이라는 뜻을 가지고 있습니다. '입 구'를 찾아 한자로 적어 보세요.

3. '있음과 없음'을 일러 '유무'라고 합니다. '유무'를 찾아 한자로 적어 보세요.

11

이심전심 : 마음에서 마음으로 전한다
以心傳心

"말로 하지 않아도 마음이 서로 통한다."

역시! 우리는 말 안 해도 이심전심이라니까~!
아~ 농구하자는 거였구나.
에휴… 10분 공부하고, 농구하고…. 10분 일하고, 농구하고…. 그 아빠에 그 아들들이야~
엄마! 그럼 우리도 콜?
좋지! 콜!
쩝쩝쩝쩝쩝~

20____년____월____일

以	心	傳	心	마음에서 마음으로 전한다.
써 이	마음 심	전할 전	마음 심	

뜻풀이

이심전심(以心傳心) : 말로 하지 않아도 마음이 서로 통한다.

위 구절의 뜻을 함께 생각해 볼까요?

말로 하지 않았는데 상대방의 표정이나 몸짓 등을 통해 상대가 무엇을 말하고 싶어 하는지 아는 것입니다. '마음이 통한다' 또는 '텔레파시가 통했다'라는 말과 비슷한 의미를 가지고 있습니다. 예를 들어 치킨이 먹고 싶지만 말은 못하고 있는 나에게 엄마가 "너 혹시 치킨 먹고 싶지 않니? 치킨 시켜 줄까?"라고 묻는다면 어떨까요? 나의 마음이 엄마 마음과 통한 거겠지요. 이런 상황을 일러 '이심전심'이라 합니다.

다 같이 생각하고 표현해요.

1. 以心傳心(이심전심)이 들어간 문장을 적어 보세요.

예시 : 짜장면을 먹고 싶었는데, 아빠도 먹고 싶다니 아빠와 아들이 이심전심이다.

1.

2.

2. 以心傳心(이심전심)처럼 상대방과 마음이 통한 적이 있나요? 자신과 마음이 가장 잘 통하는 친구는 누구인가요?

입으로 소리 내어 읽으면서 손으로 직접 써 보세요.

以	心	傳	心	마음에서 마음으로 전한다.
써 **이**	마음 **심**	전할 **전**	마음 **심**	

이	심	전	심	:	마	음	에	서	
마	음	으	로		전	한	다	.	

오늘의 퀴즈

1. '마음에서 마음으로 전한다'라는 뜻을 가진 사자성어입니다. □ 안에 알맞은 말을 넣어 사자성어를 완성해 보세요.

이		전	

2. '심정', '심리', '심성', '심경' 등은 모두 마음과 관련된 낱말입니다. 우리말의 '마음'이라는 뜻의 '마음 심'을 찾아 한자로 적어 보세요.

3. 병이 남에게 옮는 것을 '전염'이라 하고, 무엇인가를 널리 전하여 퍼뜨리는 것을 '전파'라고 합니다. '전염', '전파' 등에 쓰인 '전하다'라는 뜻의 '전할 전'을 찾아 한자로 적어 보세요.

12

횡설수설 : 가로로 말하다가 세로로 말한다

橫說竪說

"조리가 없는 말을 함부로 지껄이다."

뭐가 최고야?
최고란
뭘까? 하아~
왜 사람들은
최고가 되고 싶어 하는
걸까? 훌륭한 사람들이
너무나 많은데.
정말 쉽지 않아~
암, 그렇고 말고.
갑자기
횡설수설하는 걸 보니…
수상한데?
엄마! 아빠
서바이벌 게임하고 오셨대요~
아빠 팀이 이기고 아빠가 mvp로
뽑혔대요!
뭐? 또?
MVP
당신
작가 모임에 다녀온
다더니!

20____년____월____일

橫	說	竪	說	가로로 말하다가 세로로 말한다.
가로 횡	말씀 설	세로 수	말씀 설	

뜻풀이

횡설수설(橫說竪說) : 조리가 없는 말을 함부로 지껄이다.

위 구절의 뜻을 함께 생각해 볼까요?

'가로로 말하다가 세로로 말한다'는 뜻입니다. 조리가 없고 앞뒤도 안 맞는 말을 함부로 지껄이는 것을 이를 때 사용하는 사자성어입니다. 여러분 중에는 말할 때 횡설수설하는 사람이 없기를 바랍니다. 자신이 하는 말은 곧 자신이기 때문입니다.

다 같이 생각하고 표현해요.

1. 橫說竪說(횡설수설)이 들어간 문장을 적어 보세요.

예시 : 아빠가 술에 취해서 횡설수설하신다.

1. ______________________________

2. ______________________________

2. 橫說竪說(횡설수설)하지 않고 말을 잘하기 위해서는 어떻게 해야 할까요? 나의 말하기 태도 중 고쳐야 할 점도 생각해 보세요.

____

____

입으로 소리 내어 읽으면서 손으로 직접 써 보세요.

橫	說	竪	說	가로로 말하다가 세로로 말한다.
가로 **횡**	말씀 **설**	세로 **수**	말씀 **설**	

횡	설	수	설	:	가	로	로		말
하	다	가		세	로	로		말	한
다	.								

오늘의 퀴즈

1. '가로로 말하다가 세로로 말한다'라는 뜻을 가진 사자성어입니다. □ 안에 알맞은 말을 넣어 사자성어를 완성해 보세요.

횡		수	

2. 도로나 강 따위를 가로질러 건너는 것을 '횡단'이라 하고, 가로 방향으로 늘어선 줄을 '횡렬'이라 합니다. '횡단', '횡렬' 등에 사용된 '횡'은 '가로'를 의미합니다. '가로 횡'을 찾아 한자로 적어 보세요.

____

3. '설명', '해설', '설득' 등에 사용된 '설'은 '말한다'라는 뜻을 지니고 있습니다. '말씀 설'을 찾아 한자로 적어 보세요.

____

여러분은 어떤 사람이 행복하다고 생각하나요? 돈 많은 사람, 잘생긴 사람, 공부 잘하는 사람 등등이라고 생각할 수 있습니다. 하지만 미국의 카네기 대학에서 실시한 연구에 의하면 사람을 행복하게 하는 것은 돈이나 외모, 명예, 공부 등이 아니라 '관계'라고 합니다.

학교에 친한 친구가 한 명이라도 있으면 학교 가는 것이 매우 행복하고 즐겁습니다. 하지만 학교에 친한 친구가 한 명도 없으면 학교 가는 발걸음이 도살장 끌려가는 것만큼이나 무겁습니다. 친한 친구는 나와 관계가 좋은 사람입니다. 가족과 관계가 좋은 사람은 가족을 보러 집에 빨리 가고 싶습니다. 하지만 가족과 관계가 좋지 못한 사람은 되도록 집에 들어가지 않으려 하고 심지어 가출도 합니다.

사람들과의 관계를 좋게 하는 것을 '사회성'이라고 합니다. 어른이 되어 간다는 것은 사회성이 좋아진다는 것입니다. 하지만 어른이 된다고 사회성이 무조건 좋아지는 것은 아닙니다. 어렸을 때부터 사람들과의 관계를 잘 유지하기 위해 배우고 실천해야 합니다. 그래야 행복한 인생을 살 수 있고 나중에 후회가 덜 남는 인생을 살 수 있습니다.

나는 가족, 친구나 주변 사람들과 어떤 관계를 맺고 있나요? 그들과 좋은 관계를 맺기 위해서는 어떻게 해야 할까요? 이 장을 통해 잘 배우고 실천해 보세요.

2장

인간관계 편

좋은 관계를 맺는 법

13

결초보은 : 풀을 묶어서 은혜를 갚는다
結 草 報 恩

"받은 은혜를 잊지 않고 반드시 갚는다."

뚜! 게임하자!
안 돼~ 나, 만화책 봐야 돼~!
어허~! 너 좀 전에 엄마한테 혼날 뻔한 거 내가 구해 줬잖아~**결초보은**해야지~! 이거 둘이서 하는 게임이란 말야~
아… 조금만 더 보면 되는데… 알았어!
흣~ **결초보은**을 이런 식으로 한다고?
크아아앙!!
엄마랑 대화 좀 할까?
히익!!
으악~~~~ 잘못했어요~~ 엄마~~~
우린 그러지 말자!
끄덕끄덕

20____년____월____일

結	草	報	恩	풀을 묶어서 은혜를 갚는다.
맺을 결	풀 초	갚을 보	은혜 은	

뜻풀이

결초보은(結草報恩) : 받은 은혜를 잊지 않고 반드시 갚는다.

위 구절의 뜻을 함께 생각해 볼까요?

중국 진나라의 '위과'라는 사람은 아버지 '위무자'가 돌아가시자 아버지의 첩을 순장시키지 않고 살려 줍니다. 이를 고맙게 여긴 첩의 아버지는 '위과'가 장군이 되어 전쟁에 나갔을 때, 풀을 묶어 올가미를 만들어 줍니다. 그리고 이 올가미에 적군들이 넘어지게 하여 승리하게 돕습니다. 이 이야기에서처럼 '결초보은'은 풀을 엮어서라도 반드시 은혜를 갚는다는 뜻을 가지고 있습니다.

다 같이 생각하고 표현해요.

1. 結草報恩(결초보은)이 들어간 문장을 적어 보세요.

예시 : 이 은혜는 반드시 결초보은하겠습니다.

1.

2.

2. 자신이 입은 은혜를 갚은 적이 있나요? 은혜를 갚았다면 어떻게 갚았나요?

입으로 소리 내어 읽으면서 손으로 직접 써 보세요.

結	草	報	恩	풀을 묶어서 은혜를 갚는다.
맺을 **결**	풀 **초**	갚을 **보**	은혜 **은**	

결	초	보	은	:	풀	을		묶	어
서		은	혜	를		갚	는	다	.

오늘의 퀴즈

1. '풀을 묶어서 은혜를 갚는다'라는 뜻을 가진 사자성어입니다. □ 안에 알맞은 말을 넣어 사자성어를 완성해 보세요.

결	초		

2. '초원', '잡초', '초장' 같은 말에 공통적으로 들어가는 '초'는 '풀'이라는 뜻을 가지고 있습니다. '풀 초'를 찾아 한자로 적어 보세요.

---

3. '은혜', '은공', '은덕' 등에 쓰인 '은'은 부모님이 베풀어 주시는 사랑을 의미합니다. '은혜', '사랑'의 뜻을 가진 한자를 찾아 적어 보세요.

14

막상막하 : 위도 없고 아래도 없다

莫 上 莫 下

"더 낫고 더 못함의 차이가 거의 없다."

파바바바바밧!!!!
파바바바바밧!!!!
파바바바바밧!!!!
파바바바바밧!!!!
랄라야! 셋 중 누가 제일 빨라?
아… 음…. 비슷해! **막상막하**야!
파바바바바밧!!!!
파바바바바밧!!!!
헉…헉… 힘들어~ 더는 못 하겠다.
헉…헉… 나도…
근데 잭슨은 땅을 왜 판 거지?
끄응~~
아… 저런 깊은 뜻이…

莫	上	莫	下	위도 없고 아래도 없다.
없을 막	위 상	없을 막	아래 하	

뜻풀이

막상막하(莫上莫下) : 더 낫고 더 못함의 차이가 거의 없다.

위 구절의 뜻을 함께 생각해 볼까요?

이 말은 수준이나 실력이 엇비슷하여 우열을 가리기 어려운 상황에서 쓸 수 있는 사자성어입니다. 만약 친구끼리 팔씨름을 하는데 서로 힘이 비슷하여 좀처럼 승부가 안 날 때 "와, 막상막하다!"라고 말할 수 있습니다. 이와 비슷한 사자성어로 난형난제(難兄難弟)가 있습니다. '누구를 형이라 하고 누구를 아우라 하기 어렵다'는 뜻으로, 이 역시 누가 더 낫다고 할 수 없을 정도로 우열을 가리기 어려울 때 쓰는 말입니다.

다 같이 생각하고 표현해요.

1. 莫上莫下(막상막하)가 들어간 문장을 적어 보세요.

예시 : 그 친구와 나는 달리기 실력이 막상막하이다.

1. ______________________________

2. ______________________________

2. 주변 친구들 중에서 자신과 莫上莫下(막상막하)인 친구가 있나요? 어떤 부분에서 그렇게 느껴지나요?

____

____

입으로 소리 내어 읽으면서 손으로 직접 써 보세요.

莫	上	莫	下	위도 없고 아래도 없다.
없을 **막**	위 **상**	없을 **막**	아래 **하**	

막	상	막	하	:	위	도		없	고
아	래	도		없	다	.			

오늘의 퀴즈

1. '위도 없고 아래도 없다'라는 뜻을 가진 사자성어입니다. □ 안에 알맞은 말을 넣어 사자성어를 완성해 보세요.

막		막	

2. '위와 아래, 왼쪽과 오른쪽'을 가리켜 '상하좌우'라고 합니다. 이 중 '위와 아래'를 뜻하는 '상하'를 한자로 적어 보세요.

3. 서로 허물없이 매우 친한 친구를 '막역한 친구'라고 합니다. '막역'은 '거침이나 거스름이 없다'라는 뜻입니다. '막역'에 사용된 '없을 막'을 찾아 한자로 적어 보세요.

15

배은망덕 : 은혜를 배신하고 은덕을 잊음

背 恩 忘 德

"은혜에 보답은커녕 은혜를 원수로 갚음."

흐음~ 맛있는 냄새!
우와~ 새우튀김 이네?!
마침 냉동실에 새우가 좀 남아 있어서 만들어 봤어~
응! 형 오늘 소풍 가잖아!
맛 봐도 돼요?
조금밖에 없어서 많이는 못 주고, 한 개씩만 먹어 봐~
네~!

앗!
힝…
내 새우튀김…
툭
자! 내 거 줄게~
난 이따가 소풍가서
먹으면 되니까…
고마워~
형…
다녀
오겠습니다~
자~ 각자 도시락 먹고,
30분 후에 다시
모이세요~!
네~~
난 주먹밥인데,
넌 뭐 싸 왔어?
난
새우튀김!
오~
맛있겠다!
!!
형~ 미안해.
너무 맛있어서 그만.
부들부들
주먹밥이나
같이 먹자~
이…
배은망덕한 뚜!

20____년____월____일

背	恩	忘	德	은혜를 배신하고 은덕을 잊음.
배반할 배	은혜 은	잊을 망	덕 덕	

뜻풀이

배은망덕(背恩忘德) : **은혜에 보답은커녕 은혜를 원수로 갚음.**

위 구절의 뜻을 함께 생각해 볼까요?

남이 베풀어 준 은혜를 갚기는커녕 은혜를 원수로 갚을 때 쓰는 사자성어입니다. 이 말과 정반대되는 말이 있는데 각골난망(刻骨難忘)이라는 말입니다. 이 말은 '남의 은혜를 뼈에 깊이 새겨 잊지 않는다'는 뜻입니다. 부모님과 선생님 그리고 친구의 은혜를 잊지 않고 갚는다면 정말 훌륭한 인생이 아닐까요? 여러분 모두가 배은망덕한 삶이 아니라 각골난망하는 인생이 되기를 응원합니다.

다 같이 생각하고 표현해요.

1. 背恩忘德(배은망덕)이 들어간 문장을 적어 보세요.

예시 : 내가 그렇게 잘해 줬는데 나를 배신하다니 정말 배은망덕한 사람이다.

1. ______

2. ______

2. 친구 중에 背恩忘德(배은망덕)하다고 생각되는 친구가 있나요? 그 친구의 어떤 점이 背恩忘德(배은망덕)하다고 생각되나요?

______

______

입으로 소리 내어 읽으면서 손으로 직접 써 보세요.

背	恩	忘	德	은혜를 배신하고 은덕을 잊음.
배반할 **배**	은혜 **은**	잊을 **망**	덕 **덕**	

배	은	망	덕	:	은	혜	를		배
신	하	고		은	덕	을		잊	음
.									

오늘의 퀴즈

1. '은혜를 배신하고 은덕을 잊음'이라는 뜻을 가진 사자성어입니다. □ 안에 알맞은 말을 넣어 사자성어를 완성해 보세요.

배		망	

2. '부모의 은덕은 낳아서 기른 은덕이요, 스승의 은덕은 가르쳐 사람 만든 은덕이다'라는 말이 있습니다. '은혜'와 '덕'을 뜻하는 '은덕'이라는 말을 찾아 한자로 적어 보세요.

____

3. '배신', '배반' 등에 사용되는 '배'는 등지거나 돌아서는 것을 뜻합니다. '배반할 배' 또는 '등 배'로 사용되는 한자를 찾아 적어 보세요.

____

16

백년해로 : 백 년 동안 함께 살면서 늙어 가다

百 年 偕 老

"부부가 평생을 같이 즐겁게 지냄."

괜찮아~ 여보! 지금부터 나랑 같이 열심히 운동하자! 우리 백년해로 해야지!
그래! 좋아! 열심히 운동해서 근육짱이 될 거야!!!
!
!
!
골골골~
아이고, 삭신이야. 여보, 운동하다가 더 빨리 늙을 것 같아.
내일부턴 적당히 하자.
휘청 휘청

20____년____월____일

百	年	偕	老	백 년 동안 함께 살면서 늙어 가다.
일백 백	해 년	함께 해	늙을 로	

뜻풀이

백년해로(百年偕老) : 부부가 평생을 같이 즐겁게 지냄.

위 구절의 뜻을 함께 생각해 볼까요?

부부가 평생을 같이 행복하게 살아가는 모습을 이를 때 쓰는 사자성어입니다. 흔히 결혼식 때 신랑 신부에게 평생 행복하게 살라는 덕담을 건넬 때 쓰는 말입니다. 서로 사랑하는 남자와 여자가 결혼해서 평생을 같이 사는 것이 쉬울까요? 결코 쉽지 않습니다. 많은 인내와 사랑이 있어야만 가능합니다. 여러분도 나중에 결혼하면 꼭 백년해로하는 인생을 살아가길 바랍니다.

다 같이 생각하고 표현해요.

1. 百年偕老(백년해로)가 들어간 문장을 적어 보세요.

예시 : 우리 부모님은 사이가 좋아 백년해로하실 것 같다.

1. ______________________________

2. ______________________________

2. 부부가 결혼하여 百年偕老(백년해로)하기 위해서는 어떻게 해야 할까요?

____

____

입으로 소리 내어 읽으면서 손으로 직접 써 보세요.

百	年	偕	老	백 년 동안 함께 살면서 늙어 가다.
일백 **백**	해 **년**	함께 **해**	늙을 **로**	

백	년	해	로	:	백		년		동
안		함	께		살	면	서		늙
어		가	다	.					

오늘의 퀴즈

1. '백 년 동안 함께 살면서 늙어 가다'라는 뜻을 가진 사자성어입니다. □ 안에 알맞은 말을 넣어 사자성어를 완성해 보세요.

백		해	

2. 늙은 사람을 일러 '노인'이라 하고, 늙어 쇠약해져서 생기는 병을 '노환'이라 부릅니다. 우리말의 '늙다'라는 뜻을 가진 '늙을 로'를 찾아 한자로 적어 보세요.

3. 결혼을 일러 '百年佳約(백년가약)'이라 부릅니다. '백 년 동안 함께하자고 맺는 아름다운 약속'이라는 뜻입니다. 여기에 쓰인 '백 년'을 한자로 적어 보세요.

17

어부지리 : 어부의 이익
漁 夫 之 利

"두 사람이 싸우다 엉뚱한 사람이 이익을 얻음."

당황한 꼬마의 엄마와 솜사탕 아저씨는
어찌할 바를 모르시다가, 랄라를 발견했어!
얘야~ 솜사탕
먹을래?
그렇게 **어부지리**로
얻게 된 거야~
맞아~
흠~ 제 생각엔 랄라가
조르니까 아빠가 어쩔 수 없이
사 주신 것 같은데요?
뜨끔!!
아, 아냐~~
!!!
랄라 왔니?
쌔앵~
왠
솜사탕이야?
어부지리로
얻었어요. 히히~

20____년____월____일

漁	夫	之	利	어부의 이익
고기 잡을 어	지아비 부	어조사 지	이로울 리	

뜻풀이

어부지리(漁夫之利) : 두 사람이 싸우다 엉뚱한 사람이 이익을 얻음.

위 구절의 뜻을 함께 생각해 볼까요?

이 말과 관련된 이야기가 있습니다. 도요새가 강가에서 입을 쩍 벌리고 있는 조개를 보고, 그 조갯살을 먹기 위해 부리로 조갯살을 물었습니다. 그러자 조개는 잡아먹히지 않기 위해 입을 다물어 버립니다. 잡아먹으려는 도요새와 잡아먹히지 않으려는 조개가 옥신각신 싸우는 사이, 지나가던 어부가 둘을 모두 손쉽게 잡아 버렸습니다. 어부는 뜻하지 않은 이익을 얻게 된 것입니다. 이처럼 서로 싸우다 엉뚱한 사람이 이익을 볼 때 '어부지리'라는 말을 씁니다.

다 같이 생각하고 표현해요.

1. 漁夫之利(어부지리)가 들어간 문장을 적어 보세요.

예시 : 달리기 시합에서 1, 2등이 다투다 넘어져 3등이 어부지리로 1등을 했다.

1. ______

2. ______

2. 漁夫之利(어부지리) 이야기에 나오는 인물들의 마음을 생각해서 적어 보세요.

어부의 마음 : ______

도요새와 조개의 마음 : ______

입으로 소리 내어 읽으면서 손으로 직접 써 보세요.

漁	夫	之	利	어부의 이익
고기 잡을 **어**	지아비 **부**	어조사 **지**	이로울 **리**	

어부지리 : 어부의 이익

오늘의 퀴즈

1. '어부의 이익'이라는 뜻을 가진 사자성어입니다. □ 안에 알맞은 말을 넣어 사자성어를 완성해 보세요.

어	부		

2. '어부', '어민', '어촌' 등에 쓰인 '고기 잡을 어'를 찾아 한자로 적어 보세요.

3. '이익', '이득', '이윤' 등에 쓰인 '이'는 '이롭고 보탬이 되는 일'을 의미합니다. '이로울 리'를 찾아 한자로 적어 보세요.

18

역지사지 : 처지를 바꾸어 생각하다
易 地 思 之

"다른 사람의 처지에서 생각하다."

형 진짜 너무해!
나도 어쩔 수 없었다니까…
어? 지금 오는 거야? 나 빼고 둘만 뽑혀서 전시회도 갔다 오고, 좋았겠다?!
뚜웅~
둘 다 표정이 왜 그래?
아니, 지하철 타고 오는데, 형이 내가 앉아 있는 자리 앞에서 계속 방귀를 뀌는 거야! 정말 너무했어!
진짜? 다른 사람들도 있었을 텐데 어떻게 계속 방귀를 뀌었어?
다른 사람들은 다 이어폰을 꽂고 있어서 나만 들었거든! 정말 불쾌했다고!
뿡! 뿡! 뿡!
뿡! 뿡! 뿡!
뿡! 뿡! 뿡!

야~ 역지사지로 생각해 봐~! 네가 방귀가 급한데 마침 사람들이 다 이어폰을 꽂고 있다면 넌 안 뀌겠냐? 참다 참다 더는 못 참겠어서 뀐 거야.
흠….
살짝 뀌려고 했는데, 그렇게 부루룩~ 하고 계속 나올 줄은 몰랐어.
형도 내 입장이 돼서 생각해 봐~ 그렇게 긴 방귀를 계속 뀌었다면 기분이 어땠겠어?
그래. 진짜 불쾌했겠다. 미안해~
괜찮아. 나였어도 눈치 보며 뀌었을 것 같긴 해~
이렇게 역지사지로 생각하니 서로 이해하고 좋네~!
나도 배가 너무 아파서~ 이해 좀 해 줘!
뿡! 뿡! 뿡!
큭!

20_____년_____월_____일

易	地	思	之	처지를 바꾸어 생각하다.
바꿀 역	처지 지	생각 사	갈 지	

뜻풀이

역지사지(易地思之) : 다른 사람의 처지에서 생각하다.

위 구절의 뜻을 함께 생각해 볼까요?

다른 사람과 처지나 입장을 바꿔 생각해 보는 것입니다. 입장 바꿔 생각하면 상대를 좀 더 잘 이해할 수 있고 갈등이나 혼란이 일어날 일이 줄어들겠지요. 입장을 바꿔 생각하는 일은 평생에 걸쳐 연습하고 훈련해도 이루기 힘든 것입니다. 나 자신을 존중하면서도 역지사지의 태도로 다른 사람 또한 존중하는 인생을 살아가길 바랍니다.

다 같이 생각하고 표현해요.

1. 易地思之(역지사지)가 들어간 문장을 적어 보세요.

예시 : 내 친구는 역지사지하고는 거리가 멀다.

1. ____________________

2. ____________________

2. 우리 가족 중에 易地思之(역지사지)를 가장 잘하는 사람은 누구라고 생각하나요? 왜 그렇다고 생각하나요?

____

____

입으로 소리 내어 읽으면서 손으로 직접 써 보세요.

易	地	思	之	처지를 바꾸어 생각하다.
바꿀 **역**	처지 **지**	생각 **사**	갈 **지**	

역	지	사	지	:	처	지	를		바
꾸	어		생	각	하	다	.		

오늘의 퀴즈

1. '처지를 바꾸어 생각한다'라는 뜻을 가진 사자성어입니다. □ 안에 알맞은 말을 넣어 사자성어를 완성해 보세요.

역			지

2. '토지', '지형' 등에 쓰이는 '지'는 '땅'이라는 의미로 쓰입니다. 하지만 '처지', '입지' 등에 쓰일 때는 '입장'을 의미합니다. '땅 지' 또는 '처지 지'로 쓰이는 한자를 찾아 적어 보세요.

---

3. 무엇을 헤아리고 판단하고 궁리한다는 뜻의 '사고'라는 단어가 있습니다. '사고', '사색', '사유'에 쓰인 '사'는 모두 '생각한다'라는 뜻을 가지고 있습니다. '생각 사'를 찾아 한자로 적어 보세요.

19

유유상종 : 같은 무리끼리 서로 따르고 좇음

類 類 相 從

"비슷한 사람끼리 서로 모이고 어울림."

엄마~~
줄넘기 잘했어?
네! 그런데 엄마들은 왜 항상 뜨개질 하면서 기다리세요?
우린 다 뜨개질을 좋아하니까~
아! 이런 걸 유유상종이라고 하죠?!

맞아~ 비슷한 사람들끼리 모이게 되는 법이지! 너희들도 줄넘기 좋아하는 거 **유유상종**이잖아~
맞아요~ 하하~!
그럼 뱃살 말랑거리는 것도…?
조물 조물
그만 하시죠?
농담 이에요~ 하하!
그럼, 이제 놀이터 가서 한 시간만 놀다 와~
네~~
우리도 빵집으로 옮길까?
좋지~!
뱃살 얘기 완전 공감돼. 사실 내 뱃살은 다 빵 때문이거든.
나도 그래~
나도 나도~
엄마들 빵집으로 들어가셨어?
응!
충치 때문에 사탕 먹지 말라고 하셨지만 딸기맛 사탕 정말 맛있다!
나도 딸기맛이 젤 좋아!
나도 나도~

20____년____월____일

類	類	相	從	같은 무리끼리 서로 따르고 좇음.
무리 유	무리 유	서로 상	좇을 종	

뜻풀이

유유상종(類類相從) : 비슷한 사람끼리 서로 모이고 어울림.

위 구절의 뜻을 함께 생각해 볼까요?

성격이나 성품이 비슷한 사람끼리 모이기 마련이고 서로 친하기 마련입니다. 우리말에 '끼리끼리 논다'라는 말이 있는데, 이 말과 꼭 같은 말이 바로 '유유상종'입니다. 학교에서도 욕을 잘 쓰는 친구들은 욕을 잘 쓰는 친구들과 어울리고, 운동을 좋아하는 친구들은 그러한 친구들끼리 친한 걸 보게 됩니다. 이처럼 비슷한 사람끼리 어울리고 모이는 것을 일러 '유유상종'이라고 부릅니다. 여러분은 어떤 친구들과 어울려 지내고 있나요?

다 같이 생각하고 표현해요.

1. 類類相從(유유상종)이 들어간 문장을 적어 보세요.

예시 : 유유상종이라더니 우리 반 몇 명은 끼리끼리 논다.

1. ______

2. ______

2. 학교에서 내가 주로 어울리는 부류의 친구들은 누구인가요? 내가 어울리는 무리를 다른 친구들은 뭐라고 말할 것 같나요?

______

______

입으로 소리 내어 읽으면서 손으로 직접 써 보세요.

類	類	相	從	같은 무리끼리 서로 따르고 좇음.
무리 **유**	무리 **유**	서로 **상**	좇을 **종**	

유	유	상	종	:	같	은		무	리
끼	리		서	로		따	르	고	
좇	음	.							

오늘의 퀴즈

1. '같은 무리끼리 서로 따르고 좇음'이라는 뜻을 가진 사자성어입니다. □ 안에 알맞은 말을 넣어 사자성어를 완성해 보세요.

유	유		

2. '여럿이 함께 모여 있는 떼'를 일러 '무리'라고 합니다. 우리말의 '무리'라는 뜻의 '무리 유'를 찾아 한자로 적어 보세요.

3. 누군가를 뒤좇으며 따르는 것을 '추종'이라 합니다. '추종'에 쓰인 '종'은 '좇는다'라는 뜻을 가지고 있습니다. '좇을 종'을 찾아 한자로 적어 보세요.

20

인과응보 : 원인과 결과에는 그에 합당한 이유가 있다

因 果 應 報

"좋은 일에는 좋은 결과가, 나쁜 일에는 나쁜 결과가 따른다."

얘들아~ 라면 먹자~!
와! 라면!!
...
엄마~ 채소가 너무 많아요~ 라면인데 라면 냄새가 하나도 안 나잖아요~
건강 생각해서 어서 먹어~ 엄마는 장 보고 올 테니까, 다 먹으면 상 치워 놓고! 알겠지?
네.

우걱우걱
우걱우걱
슬쩍~
며칠 후
똑똑~! 혀니야~ 아직도 화장실에 있니?
네~
혀니, 배가 많이 아픈가 봐? 아까부터 화장실에서 못 나오네?
다 **인과응보**지, 뭐. 엄마 말 안 듣고 채소 안 먹어서 그래~!
아… 채소…
당신도 변비지? 요즘 채소 거의 안 먹던데?
아, 아냐~!! 난 배 안 아파~
뿌웅~!
배 안 아픈데 독가스는 왜?
뿌웅~!
뿌웅~!
혀니야 빨리 나와~~
쾅쾅쾅

20____년____월____일

因	果	應	報	원인과 결과에는 그에 합당한 이유가 있다.
인할 인	결과 과	응할 응	갚을 보	

뜻풀이 **인과응보**(因果應報) : **좋은 일에는 좋은 결과가, 나쁜 일에는 나쁜 결과가 따른다.**

위 구절의 뜻을 함께 생각해 볼까요?

'원인과 결과에는 그에 합당한 이유가 있다'는 말로, 좋은 일에는 좋은 결과가 따르고 나쁜 일에는 나쁜 결과가 따른다는 뜻입니다. 불교에서 많이 사용하는 말이지만 일상생활 속에서도 많이 사용되는 말입니다. 인생을 함부로 살아가면 안 되는 이유가 바로 '인과응보'의 원리 때문입니다. 오늘 내가 한 말과 행동은 나중에 반드시 열매를 맺게 되어 있습니다.

다 같이 생각하고 표현해요.

1. 因果應報(인과응보)가 들어간 문장을 적어 보세요.

예시 : 그는 당연한 인과응보를 받은 것이다.

1.

2.

2. 因果應報(인과응보)는 '좋은 일에는 좋은 결과가, 나쁜 일에는 나쁜 결과가 따른다'는 말입니다. 내 모습 중에 나중에 좋은 결과가 나올 거라 예상되는 것은 무엇인가요?

입으로 소리 내어 읽으면서 손으로 직접 써 보세요.

因	果	應	報	원인과 결과에는 그에 합당한 이유가 있다.
인할 **인**	결과 **과**	응할 **응**	갚을 **보**	

인	과	응	보	:	원	인	과		결
과	에	는		그	에		합	당	한
이	유	가		있	다	.			

오늘의 퀴즈

1. '원인과 결과에는 그에 합당한 이유가 있음'이라는 뜻을 가진 사자성어입니다. □ 안에 알맞은 말을 넣어 사자성어를 완성해 보세요.

인	과		

2. 일의 원인과 결과 관계가 있는 것을 일러 '인과관계'라고 합니다. 원인과 결과를 이르는 말인 '인과'를 한자로 적어 보세요.

---

3. '응답', '반응', '응대' 등에 쓰인 '응'은 '응한다'라는 뜻을 가지고 있습니다. '응할 응'을 찾아 한자로 적어 보세요.

21

장유유서 : 어른과 아이는 차례가 있다

長 幼 有 序

"어른과 아이 사이에는 순서와 질서가 있다."

아니야~ 아빠 괜찮아~
배고픈 사람이 먼저 먹어야지~
하하~
나도 배고파!
가위바위보로 순서 정하자!
허허.
귀여운 녀석들.
솔~ 솔~
와~ 냄새 정말 좋다!
자! 완성
됐습니다~!
저 주세요!
제가 1등 했어요!
어허! 장유유서!!
가장 배고픈 사람이 먼저 먹어야지!
바로 아빠구나! 여보, 나부터 줘~
퍽!
!!
어서 어서!
내 입으로~
플리즈~
여보….

20____년____월____일

長	幼	有	序	어른과 아이는 차례가 있다.
어른 장	어릴 유	있을 유	차례 서	

뜻풀이

장유유서(長幼有序) : 어른과 아이 사이에는 순서와 질서가 있다.

위 구절의 뜻을 함께 생각해 볼까요?

조상님들은 인간관계에서 꼭 지켜야 할 다섯 가지 덕목을 일러 '오륜(五倫)'이라 하여 매우 중요하게 여겼습니다. 오륜은 임금과 신하는 의리가 있어야 한다는 '군신유의(君臣有義)', 부모와 자식은 친함이 있어야 한다는 '부자유친(父子有親)', 부부는 구별이 있어야 한다는 '부부유별(夫婦有別)', 친구 간에는 믿음이 있어야 한다는 '붕우유신(朋友有信)', 그리고 '장유유서(長幼有序)'입니다. 여러분은 '어른 먼저'라고 하는 장유유서를 어떻게 생각하나요?

다 같이 생각하고 표현해요.

1. 長幼有序(장유유서)가 들어간 문장을 적어 보세요.

예시 : 식사를 할 때 부모님이 먼저 드시게 하는 것이 장유유서를 실천하는 것이다.

1.

2.

2. '어른 먼저'를 강조하는 長幼有序(장유유서)에 대해 어떻게 생각하나요? 자신의 생각과 실천 방법을 적어 보세요.

입으로 소리 내어 읽으면서 손으로 직접 써 보세요.

長	幼	有	序	어른과 아이는 차례가 있다.
어른 **장**	어릴 **유**	있을 **유**	차례 **서**	

장	유	유	서	:	어	른	과		아
이	는		차	례	가		있	다	.

오늘의 퀴즈

1. '어른과 아이는 차례가 있다'라는 뜻을 가진 사자성어입니다. □ 안에 알맞은 말을 넣어 사자성어를 완성해 보세요.

장		유	

2. '유년', '유소년', '유치원' 등에 쓰인 '유'는 '어리다'라는 뜻을 지니고 있습니다. '어릴 유'를 찾아 한자로 적어 보세요.

3. '질서', '순서' 등에 사용된 '서'는 '차례'라는 뜻을 가지고 있습니다. '차례 서'를 찾아 한자로 적어 보세요.

22

죽마고우 : 대나무 말을 타고 놀던 옛 친구

竹 馬 故 友

"어릴 때부터 같이 놀며 자란 친한 친구"

얘들아! 괜찮니?
차돌아! 안 다쳤어?
밥돌아! 괜찮니?
공돌이, 민돌이, 챠챠…
모두 무사하지?
엄마, 제 친구들을
버리지 말아 주세요~
제발 부탁이에요~
흑흑…
여보세요?
어, 여보~
방에는 놓을
자리가 없어서 안 되겠어.
그냥 뚜 노트북부터 골라 봐~
!!
사사사삭
사사사삭
사사사삭
어머니! 준비됐습니다!
여보세요? 아버지?
하하~ 네~ 자리 만들었고요.
언제 사 오실 거예요?
뻥!

20____년____월____일

竹	馬	故	友	대나무 말을 타고 놀던 옛 친구
대 죽	말 마	옛 고	벗 우	

뜻풀이

죽마고우(竹馬故友) : 어릴 때부터 같이 놀며 자란 친한 친구

위 구절의 뜻을 함께 생각해 볼까요?

예전에는 시골에서 친구들과 대나무 장대를 가랑이 사이에 끼고 말을 타면서 놀곤 했습니다. 이렇게 어릴 때부터 같이 놀면서 자란 친한 친구를 일러 '죽마고우'라 말합니다. 여러분도 죽마고우와 같은 친구가 있나요? 살아가면서 친구는 정말 소중한 존재입니다. 좋은 친구를 많이 사귀고 여러분 또한 좋은 친구가 되어 주기 바랍니다.

다 같이 생각하고 표현해요.

1. 竹馬故友(죽마고우)가 들어간 문장을 적어 보세요.

예시 : 이분은 아빠 죽마고우인데 인사드려라.

1.

2.

2. 竹馬故友(죽마고우)처럼 어렸을 때부터 같이 친하게 지내 온 친구가 있나요? 그 친구의 좋은 점도 적어 보세요.

입으로 소리 내어 읽으면서 손으로 직접 써 보세요.

竹	馬	故	友	대나무 말을 타고 놀던 옛 친구
대 **죽**	말 **마**	옛 **고**	벗 **우**	

죽	마	고	우	:	대	나	무		말
을		타	고		놀	던		옛	
친	구								

오늘의 퀴즈

1. '대나무 말을 타고 놀던 옛 친구'라는 뜻을 가진 사자성어입니다. □ 안에 알맞은 말을 넣어 사자성어를 완성해 보세요.

죽		고	

2. 대나무로 만든 말을 '죽마', 대나무로 만든 칼을 '죽도', 대나무에 소금을 넣어 구운 소금을 '죽염'이라고 합니다. '죽마', '죽도', '죽염' 등에 공통적으로 쓰인 '대 죽'을 찾아 한자로 적어 보세요.

---

3. '벗', '동무' 등은 친구를 이르는 순우리말입니다. 친구 사이의 정을 일러 '우정'이라 말합니다. 친구를 뜻하는 '벗 우'를 찾아 한자로 적어 보세요.

23

타산지석 : 다른 산의 돌
他 山 之 石

"쓸모없어 보이는 것도 얼마든지 유용하게 쓸 수 있음."

오! 공부하는 거야?
응! 내일 시험 보거든! 형의 모습을 **타산지석**으로 삼아서 미리미리 공부하려고!
나를? 왜?
형 저번에 "하하~ 난 천재니까 공부 안 해도 100점 맞을 거야~"라면서 공부 하나도 안 하더니 결국 시험 망쳤잖아~
앗. 그랬었지~
#. 다음 날
수학만 또 망쳤어. 그렇게 열심히 준비했는데. 흑흑~
근데 형! 정말 이상하지 않아?
왜 우리는 수학을 이렇게 못하는 걸까?
깜짝!

그거야 우리가 공부를 제대로 안 해서 그런 거겠지.
아니야~ 내 생각엔 엄마, 아빠가 수학 유전자를 안 물려주셔서 그래!
어쩌면… 수포자 유전자를 물려주셨을지도…?
뜨악~~!! 수포자?
여보! 빨리! 빨리!
얘, 얘들아! 우리 치킨 시켜 먹을까? 양념 치킨?
와~ 치킨 좋아요!!! 오예~~
냠냠~ 근데 엄마, 아빠도 수학 못했어요?
수포자였어요?
빠직!
빠직!

20____년____월____일

他	山	之	石	다른 산의 돌
다를 타	뫼 산	어조사 지	돌 석	

뜻풀이 **타산지석**(他山之石) : **쓸모없어 보이는 것도 얼마든지 유용하게 쓸 수 있음.**

위 구절의 뜻을 함께 생각해 볼까요?

『시경(詩經)』이라는 책의 '소아' 편에 나오는 구절에서 유래된 말입니다. 여기에 '타산지석(他山之石) 가이공옥(可以攻玉)'이라는 말이 나오는데, 뜻은 '다른 산의 보잘것없는 돌이라도 옥을 갈 수 있으리'입니다. 산에 굴러다니는 하찮은 돌이라도 귀한 옥을 가는 도구로 사용할 수 있다는 말입니다. 이 구절은 흔히 '타산지석으로 삼다'라고 많이 사용되는데, 인간의 인격 수양과 관련된 유명한 구절입니다. 여러분도 다른 사람의 잘못을 타산지석 삼아 훌륭한 사람이 되기 바랍니다.

다 같이 생각하고 표현해요.

1. 他山之石(타산지석)이 들어간 문장을 적어 보세요.

예시 : 나는 친구들의 잘못을 보면서 타산지석으로 삼곤 한다.

1.

2.

2. 다른 사람의 잘못을 他山之石(타산지석)으로 삼아 내 발전의 계기로 삼은 적이 있나요? 다른 사람들은 하찮게 여기지만 나에게는 소중한 것이 있나요?

입으로 소리 내어 읽으면서 손으로 직접 써 보세요.

他	山	之	石	다른 산의 돌
다를 **타**	뫼 **산**	어조사 **지**	돌 **석**	

타	산	지	석	:	다	른		산	의
돌									

오늘의 퀴즈

1. '다른 산의 돌'이라는 뜻을 가진 사자성어입니다. □ 안에 알맞은 말을 넣어 사자성어를 완성해 보세요.

타			석

2. 자기 이외의 다른 사람을 일러 '타인' 또는 '타자'라고 합니다. 여기에 쓰인 '타'는 '다르다'라는 뜻을 지니고 있습니다. '다를 타'를 찾아 한자로 적어 보세요.

---

3. '산삼', '산행', '등산', '동산' 등에 쓰인 '산'은 모두 뫼나 산을 이르는 말입니다. '뫼'는 산의 옛말로 순우리말입니다. '뫼 산'을 찾아 한자로 적어 보세요.

사람은 누구나 성공하고 싶어 합니다. 실패하고 싶은 사람은 아무도 없습니다. 그럼 어떻게 하면 성공할 수 있을까요? '열심히요', '자~알요'라는 대답이 귓가에 들리는 듯합니다. 사람들은 열심히 하면 된다고 생각하기 때문에 불철주야(不撤晝夜) 노력하곤 합니다. 이렇게 열심히 노력하다 보면 성공하기도 합니다.
하지만 노력과 성공 이전에 먼저 점검해야 할 것이 있습니다. '나는 왜 성공하려고 하는가?', '나는 성공하기 위해 노력하고 있는가?', '내가 꿈꾸는 성공은 정말 나를 행복하게 만드는 것인가?'와 같은 질문입니다. 이런 질문들은 나를 돌아보게 하는 질문들입니다. 나를 먼저 바라보지 않고 성공만을 바라보고 달려가는 것은 브레이크가 고장난 자전거와도 같습니다. 매우 위험하기도 하고, 나중에 성공했다고 하더라도 행복하기는커녕 자신을 망칠 수도 있습니다.
여러분이 꿈꾸는 성공이 여러분을 행복하게 했으면 좋겠습니다. 그리고 성공을 꿈꾼다면 그에 합당한 노력을 기울이기 바랍니다. 여러분의 꿈과 성공을 응원합니다.

3장

노력과 성공 편

스스로를 바로 세우는 일

24

개과천선 : 잘못을 고치고 착하게 바뀌다
改 過 遷 善

"지난날의 잘못이나 허물을 고쳐 올바르고 착하게 되다."

실수나 잘못은 서로 용서해 주고, 조금만 양보하고 배려해 주면 싸울 일 없잖아?! 그게 그렇게 어렵니?
…
잘 생각해 봐~! 싸우면 기분만 나빠지고, 엄마한테 혼나니까 더 안 좋잖아~ 그치?
네….
우리 **개과천선**하자! 지금부턴 나쁜 말과 행동은 고치고 더 착한 행실을 하도록 노력하는 거야! 어때?
아니, 형이야말로 **개과천선** 해야 돼요!
좋아요! 하지만 저 말고 뚜가 **개과천선**해야 돼요!
아니야! 네가 **개과천선** 해야지!
형이 **개과천선** 해야 된다고~!
으… 으… 크아앙~!! **개과천선**하려고 했는데 안 되겠구나! 크앙~
으아~~~~
쌔애앵~

20____년____월____일

改	過	遷	善	잘못을 고치고 착하게 바뀌다.
고칠 개	잘못 과	옮길 천	착할 선	

뜻풀이

개과천선(改過遷善) : 지난날의 잘못이나 허물을 고쳐 올바르고 착하게 되다.

위 구절의 뜻을 함께 생각해 볼까요?

중국 진나라 때 '주처'라는 사내와 관련이 있는 고사성어입니다. 주처는 어려서부터 온갖 나쁜 짓을 다해 동네 사람들이 그를 싫어했다고 합니다. 하지만 주처가 철이 들면서 지난날의 나쁜 짓들을 고치고, 십여 년 동안 학문을 갈고닦아 대학자가 되었다고 합니다. 이처럼 한때 남들에게 손가락질 받았지만 잘못을 크게 뉘우치고 새사람으로 거듭나는 것을 일러 '개과천선'이라 이릅니다. 여러분 중에도 개과천선해야 할 친구가 있나요?

다 같이 생각하고 표현해요.

1. 改過遷善(개과천선)이 들어간 문장을 적어 보세요.

예시 : 놀부 같던 형이 개과천선해서 흥부 같은 착한 형이 되었다.

1.

2.

2. 주변에 改過遷善(개과천선)해야 할 사람이 있나요? 왜 그렇게 생각하는지 이유도 적어 보세요.

입으로 소리 내어 읽으면서 손으로 직접 써 보세요.

改	過	遷	善	잘못을 고치고 착하게 바뀌다.
고칠 **개**	잘못 **과**	옮길 **천**	착할 **선**	

개	과	천	선	:	잘	못	을		고
치	고		착	하	게		바	뀌	다

오늘의 퀴즈

1. '잘못을 고치고 착하게 바뀌다'라는 뜻을 가진 사자성어입니다. □ 안에 알맞은 말을 넣어 사자성어를 완성해 보세요.

	과		선

2. '개조', '개선', '개혁'과 같은 말에 공통적으로 들어가는 '개'는 '고치다'라는 의미를 가지고 있습니다. '고칠 개'를 찾아 한자로 적어 보세요.

3. '과실', '과오', '과다', '공과' 등에 쓰인 '과'는 잘못이나 허물을 의미합니다. '잘못하다'라는 뜻을 가진 한자를 찾아 적어 보세요.

25

괄목상대 : 눈을 비비고 상대방을 본다
刮 目 相 對

"눈을 비비고 볼 만큼 놀랍게 나아졌다."

하아~ 잘 안 되네.
#. 며칠 후
초등 농구 대회 축
하아~ 혀니,
제발 잘해야 될 텐데.
와! 봤니?
혀니가 지금
3점 슛 쐈어!
봤어요!

우와~
며칠 사이에 실력이
저렇게나 늘었네?!
철썩~
정말 **괄목상대**하게
만드네!
하루에도 몇 시간씩
슛 연습하더니! 멋지다.
혀니!
잘한다!
혀니! 화이팅~~!!
어딜 보고 있는
거야? 혀니네 팀은
저쪽인데…
앗!
컥~

20____년____월____일

刮	目	相	對	눈을 비비고 상대방을 본다.
비빌 괄	눈 목	서로 상	대할 대	

뜻풀이

괄목상대(刮目相對) : 눈을 비비고 볼 만큼 놀랍게 나아졌다.

위 구절의 뜻을 함께 생각해 볼까요?

학식이나 실력, 인품 등이 몰라보게 좋아졌을 때, 너무 놀라 눈을 비비고 예전에 알던 그 사람이 맞는지 다시 한번 쳐다본다는 뜻입니다. 만약 축구를 못하던 친구가 방학이 끝나고 축구를 갑자기 잘할 때 쓸 수 있는 말입니다. 刮目相看(괄목상간)이라는 말도 같은 의미로 많이 쓰입니다. 이 책을 끝마칠 때쯤에는 여러분의 사자성어 실력도 괄목상대할 정도로 발전해 있을 것입니다.

다 같이 생각하고 표현해요.

1. 刮目相對(괄목상대)가 들어간 문장을 적어 보세요.

예시 : 방학이 끝나고 친구의 축구 실력이 괄목상대할 정도가 되었다.

1. ______________________________

2. ______________________________

2. 친구들에게 刮目相對(괄목상대)가 되고 싶은 일이나 분야가 있나요? 어떤 일인지 써 보고 그 이유도 적어 보세요.

____

____

입으로 소리 내어 읽으면서 손으로 직접 써 보세요.

刮	目	相	對	눈을 비비고 상대방을 본다.
비빌 **괄**	눈 **목**	서로 **상**	대할 **대**	

괄	목	상	대	:	눈	을		비	비
고		상	대	방	을		본	다	.

오늘의 퀴즈

1. '눈을 비비고 상대방을 본다'라는 뜻을 가진 사자성어입니다. □ 안에 알맞은 말을 넣어 사자성어를 완성해 보세요.

괄			대

2. 짧은 시일 내에 매우 발전하여 놀라서 새삼스럽게 보는 것을 '괄목하다'라고 합니다. '비빌 괄'을 찾아 한자로 적어 보세요.

---

3. '이목', '안목', '주목', '목전' 등에 쓰인 '목'은 모두 '눈' 혹은 '바라보다'라는 뜻을 가지고 있습니다. '눈 목'을 찾아 한자로 적어 보세요.

26

금상첨화 : 비단 위에 꽃을 더하다

錦 上 添 花

"좋은 것에 더 좋은 것이 더해진다."

으아~
꽝!
안 돼!
이게 뭐야~~~
히이잉~~~
번쩍
휴우~
다행이다. 꿈이었구나.
꿈이었으면 좋겠지?
앗!
안 돼~~~
꽥!

20____년____월____일

錦	上	添	花	비단 위에 꽃을 더하다.
비단 금	위 상	더할 첨	꽃 화	

뜻풀이

금상첨화(錦上添花) : 좋은 것에 더 좋은 것이 더해진다.

위 구절의 뜻을 함께 생각해 볼까요?

고급 옷감인 비단 위에 꽃을 더하면 얼마나 아름다운 옷이 될지 상상해 보세요. 이처럼 좋은 일에 더 좋은 것이 더해지는 상황을 일러 '금상첨화'라고 합니다. 학교에서 수학 시험을 봤는데 100점을 받아서 기분이 너무 좋았습니다. 그런데 엄마가 잘했다고 하시며 치킨을 사 주신다면 어떨까요? 이런 상황을 두고 '금상첨화'라고 합니다.

다 같이 생각하고 표현해요.

1. 錦上添花(금상첨화)가 들어간 문장을 적어 보세요.

예시 : 내가 좋아하는 운동을 마치고 개운하게 샤워까지 하니 금상첨화이다.

1. ______________________________

2. ______________________________

2. 최근에 겪은 일 중에서 錦上添花(금상첨화)였던 일이 있었나요? 오늘 나에게 일어났으면 하는 錦上添花(금상첨화) 사건을 상상해서 적어 보세요.

____

____

입으로 소리 내어 읽으면서 손으로 직접 써 보세요.

錦	上	添	花	비단 위에 꽃을 더하다.
비단 **금**	위 **상**	더할 **첨**	꽃 **화**	

금	상	첨	화	:	비	단		위	에
꽃	을		더	하	다	.			

오늘의 퀴즈

1. '좋은 것에 더 좋은 것이 더해진다'라는 뜻을 가진 사자성어입니다. □ 안에 알맞은 말을 넣어 사자성어를 완성해 보세요.

	상	첨	

2. '첨가', '첨부', '첨삭' 등에 쓰이는 '첨'은 어떤 것에 보태거나 덧붙인다는 의미를 가지고 있습니다. '보탠다'라는 뜻을 가진 '더할 첨'을 찾아 한자로 적어 보세요.

____

3. '생화', '화환', '화원', '화분' 등에 쓰인 '화'는 모두 '꽃'이라는 뜻을 가지고 있습니다. '꽃 화'를 찾아 한자로 적어 보세요.

____

27

노심초사 : 마음으로 애를 쓰며 속을 태우다
勞心焦思

"몹시 마음을 쓰고 애를 태우다."

저도 잘했어요! 결과는 다음 주에 문자로 알려 준대요~! 보나 마나 합격 일 거예요~!
그래~ 수고했다~!
#. 일주일 후
덜덜덜
띠링~
합격
형! 나 합격이래!
와락~!!
나도 나도~ 흑흑… 나 실은, 일주일 동안 잠도 제대로 못 자고
노심초사 하면서 기다렸어.
나도야. 괜히 큰소리쳐서 엄청 후회하고 있었어~
정말 다행이야. 엉엉~
몇 점이래?
커트라인 점수가 70점인데, 둘 다 70점이래~!
큭! 간신히 붙었네!

20____년____월____일

勞	心	焦	思	마음으로 애를 쓰며 속을 태우다.
힘쓸 노	마음 심	그을릴 초	생각 사	

뜻풀이

노심초사(勞心焦思) : 몹시 마음을 쓰고 애를 태우다.

위 구절의 뜻을 함께 생각해 볼까요?

어떤 일에 대한 걱정과 근심으로 몹시 불안한 상태를 이를 때 쓰는 사자성어입니다. 예를 들어 중요한 시험을 본 뒤 결과를 기다릴 때 그 마음이 너무 힘들고 애가 타겠죠? 이럴 때 쓸 수 있는 말입니다. 부모님의 '노심초사'는 무엇인지 아나요? 바로 여러분입니다. 자나 깨나 여러분이 잘되길 바라고 다치지 않길 바라면서 노심초사하는 분이 바로 부모님입니다.

다 같이 생각하고 표현해요.

1. 勞心焦思(노심초사)가 들어간 문장을 적어 보세요.

예시 : 중간고사 시험 결과를 노심초사하며 기다리고 있다.

1. ______________________________

2. ______________________________

2. 최근에 겪은 일 중에서 勞心焦思(노심초사)했던 일이 있었나요? 그때 내 마음은 어땠는지 적어 보세요.

____

____

입으로 소리 내어 읽으면서 손으로 직접 써 보세요.

勞	心	焦	思	마음으로 애를 쓰며 속을 태우다.
힘쓸 **노**	마음 **심**	그을릴 **초**	생각 **사**	

노	심	초	사	:	마	음	으	로	
애	를		쓰	며		속	을		태
우	다	.							

오늘의 퀴즈

1. '마음으로 애를 쓰며 속을 태우다'라는 뜻을 가진 사자성어입니다. □ 안에 알맞은 말을 넣어 사자성어를 완성해 보세요.

노	심		

2. '노동', '노력', '노고' 등에 쓰이는 '노'는 '힘쓰고 애쓰다'라는 의미를 가지고 있습니다. 우리말의 '힘쓰고 애쓴다'라는 뜻을 가진 '힘쓸 노'를 찾아 한자로 적어 보세요.

3. '사고력', '사색', '사유', '사려' 등에 쓰인 '사'는 '생각한다'라는 뜻을 가지고 있습니다. '생각 사'를 찾아 한자로 적어 보세요.

28

대기만성 : 큰 그릇은 늦게 만들어진다
大 器 晩 成

“크게 될 사람은 늦게라도 꼭 성공한다.”

지금 당장 안 치우면 다 갖다 버릴 테니까 알아서 해!
에휴~! 정 그러시다면, 어쩔 수 없죠~! 그냥 지금 다 버려 주세요~
너~ 설마 청소하기 싫어서?
아니에요~ 작품이 너무 만들고 싶지만 저는 **대기만성**형 인간이라서 빨리 못하니까 포기하는 것뿐이에요~!
흣~ 그래! 그러면 엄마가 작품 빨리 만드는 법을 알려 주지!
?
짜잔~~ 쓰레기 로봇~~
두둥~
힝~ 이게 뭐야.

20____년____월____일

大	器	晩	成	큰 그릇은 늦게 만들어진다.
큰 대	그릇 기	늦을 만	이룰 성	

뜻풀이

대기만성(大器晩成) : 크게 될 사람은 늦게라도 꼭 성공한다.

위 구절의 뜻을 함께 생각해 볼까요?

작은 그릇은 금방 뚝딱 만들 수 있겠지만 큰 그릇은 시간이 오래 걸리겠죠? 사람도 크게 될 사람은 금방 뚝딱 만들어지는 것이 아니라 많은 노력 끝에 천천히 늦게 이루어진다는 말입니다. 노력도 안 하고 금세 포기하기보다는 묵묵히 노력해 보시길 바랍니다. '대기만성'이라는 말을 가슴에 품고 노력하다 보면 언젠가는 원하는 바를 꼭 이룰 수 있을 것입니다.

다 같이 생각하고 표현해요.

1. 大器晩成(대기만성)이 들어간 문장을 적어 보세요.

예시 : 너는 꼭 대기만성할 인물이니 포기하지 말고 열심히 해 보자.

1. ______________________________

2. ______________________________

2. 大器晩成(대기만성)하기 위해 꼭 필요한 자세는 포기하지 않고 노력하는 자세입니다. 내가 조금 노력해 보다가 지금은 포기해 버린 일이 있는지 생각해 보세요.

____

____

입으로 소리 내어 읽으면서 손으로 직접 써 보세요.

大	器	晩	成	큰 그릇은 늦게 만들어진다.
큰 **대**	그릇 **기**	늦을 **만**	이룰 **성**	

대	기	만	성	:	큰		그	릇	은
늦	게		만	들	어	진	다	.	

오늘의 퀴즈

1. '큰 그릇은 늦게 만들어진다'라는 뜻을 가진 사자성어입니다. □ 안에 알맞은 말을 넣어 사자성어를 완성해 보세요.

대		만	

2. '거대', '대한민국', '대인' 등에 쓰이는 '대'는 '크다'라는 뜻을 지니고 있습니다. '크다'라는 뜻을 가진 '큰 대'를 찾아 한자로 적어 보세요.

---

3. '성공', '성취', '성장' 등에 쓰인 '성'은 모두 '이루다'라는 뜻을 가지고 있습니다. '이룰 성'을 찾아 한자로 적어 보세요.

29

동분서주 : 동쪽으로 달리고 서쪽으로 달린다
東 奔 西 走

"이리저리 몹시 바쁘게 돌아다니다."

마감했어?
응! 지금 끝냈어! 당신 피곤해 보이네?
어~ 애들 때문에 **동분서주**했더니 지치고 너무 피곤하네.
커피랑 케이크 사 줄까?
응!!
어머~ 맛있겠다! 이것도! 이것도!
쌩쌩~
냠냠~ 어머! 진짜 맛있어!
여보! 우리 이제 쇼핑하러 가자!!
피곤하다며.

20____년____월____일

東	奔	西	走	동쪽으로 달리고 서쪽으로 달린다.
동녘 동	달릴 분	서녘 서	달릴 주	

뜻풀이

동분서주(東奔西走) : 이리저리 몹시 바쁘게 돌아다니다.

위 구절의 뜻을 함께 생각해 볼까요?

동쪽과 서쪽 양 끝을 달려서 오갈 정도로, 이리저리 바쁘게 돌아다니는 모습을 나타낼 때 표현하는 사자성어입니다. 여러분도 혹시 하루를 동분서주하듯 바쁘게 살고 있지는 않나요? 바쁜 일상 속에서 잠깐씩 여유를 즐길 줄 아는 사람이 되었으면 좋겠습니다.

다 같이 생각하고 표현해요.

1. 東奔西走(동분서주)가 들어간 문장을 적어 보세요.

예시 : 숙제하느라 동분서주했더니 정말 피곤하다.

1.

2.

2. 東奔西走(동분서주)를 하면 좋은 일과 안 좋은 일을 생각해 보세요. 그 이유도 같이 적어 보세요.

입으로 소리 내어 읽으면서 손으로 직접 써 보세요.

東	奔	西	走	동쪽으로 달리고 서쪽으로 달린다.
동녘 **동**	달릴 **분**	서녘 **서**	달릴 **주**	

동	분	서	주	:	동	쪽	으	로	
달	리	고		서	쪽	으	로		달
린	다	.							

오늘의 퀴즈

1. '동쪽으로 달리고 서쪽으로 달린다'라는 뜻을 가진 사자성어입니다. □ 안에 알맞은 말을 넣어 사자성어를 완성해 보세요.

동		서	

2. 이리저리 바쁘고 수선스러운 것을 '분주하다'라고 표현합니다. '분주하다'에서 '분주'를 한자로 적어 보세요.

____

3. 이어달리기를 '계주'라고 부르고, 끝까지 다 달리는 것을 '완주'라고 합니다. 계주와 완주 등에 쓰인 '달린다'라는 뜻의 '주'를 한자로 적어 보세요.

____

30

명실상부 : 이름과 실제가 서로 부합한다
名 實 相 符

"알려진 것과 실제가 서로 일치한다."

손모가지
작가님이에요!
!!
꺄아~! 손모가지
작가님! 선생님도 엄청
좋아해요~!!
짝짝짝짝짝~
꺄아~~
우리 랄라 학생~
이 다음에 커서 손모가지 작가님을
뛰어넘는 좋은 작가가 되길
바래요~!
네!
감사합니다~
아빠한테 무슨
일 있었니?
몰라요~!
흠… 아빠는
손모가지 작가님
안 좋아하시나?
크흐흐흑…

20____년____월____일

名	實	相	符	이름과 실제가 서로 부합한다.
이름 명	열매 실	서로 상	부합할 부	

뜻풀이

명실상부(名實相符) : 알려진 것과 실제가 서로 일치한다.

위 구절의 뜻을 함께 생각해 볼까요?

이름과 실제가 딱 맞아 떨어질 때 사용할 수 있는 사자성어입니다. 예를 들어 축구 선수 손흥민을 일컬어 "우리나라 최고의 축구 선수가 손흥민이라는 것은 명실상부하다"라고 표현할 수 있을 것입니다. 이와 반대되는 말로 유명무실(有名無實)이 있습니다. '이름은 널리 알려졌지만 실속은 없다'라는 뜻입니다. 여러분이 이 책을 공부하면서 뛰어난 사자성어 실력으로 명실상부한 사람이 되길 바랍니다.

다 같이 생각하고 표현해요.

1. 名實相符(명실상부)가 들어간 문장을 적어 보세요.

예시 : 그 친구가 우리 반에서 공부를 제일 잘하는 것은 명실상부하다.

1.

2.

2. 여러분은 어느 부분에서 名實相符(명실상부)한 사람으로 인정받고 싶은가요? 그 이유나 까닭도 생각해서 적어 보세요.

입으로 소리 내어 읽으면서 손으로 직접 써 보세요.

名	實	相	符	이름과 실제가 서로 부합한다.
이름 **명**	열매 **실**	서로 **상**	부합할 **부**	

명	실	상	부	:	이	름	과		실
제	가		서	로		부	합	한	다
.									

오늘의 퀴즈

1. '이름과 실제가 서로 부합한다'라는 뜻을 가진 사자성어입니다. □ 안에 알맞은 말을 넣어 사자성어를 완성해 보세요.

명	실		

2. '성명(姓名)'은 성과 이름을 아울러 부르는 말입니다. 예를 들어 '김철수'에서 '김'은 성(姓)이고, '철수'는 이름(名)입니다. 자신의 성명을 한자로 적어 보세요.

3. 나무 열매를 일러 '과실' 또는 '실과'라고 부릅니다. 우리말의 '열매'를 뜻하는 '열매 실'을 찾아 한자로 적어 보세요.

31

불철주야 : 낮에도 밤에도 멈추지 않는다

不 撤 晝 夜

"밤낮을 가리지 않고 열심히 노력한다."

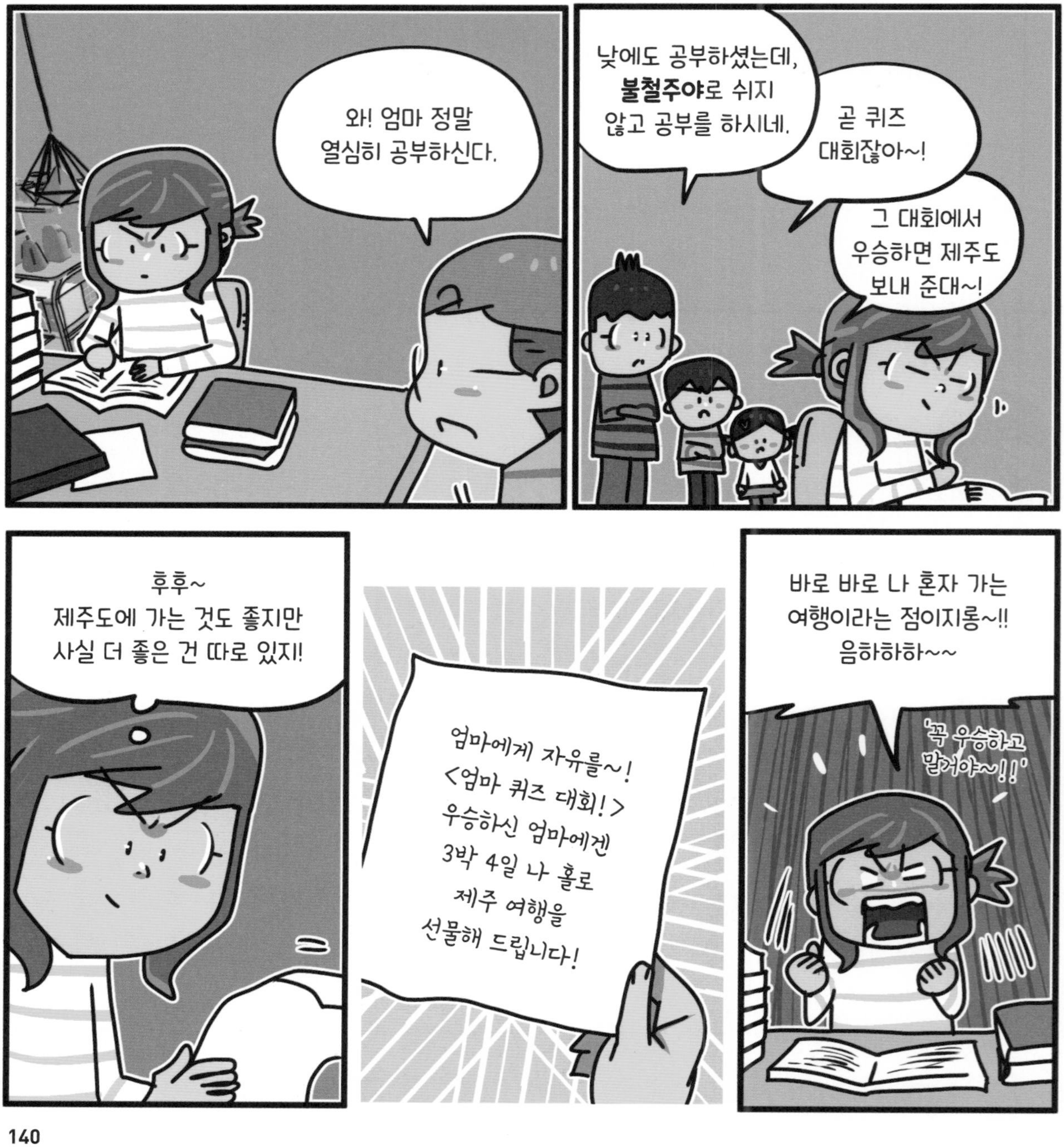

와! 엄마 정말 열심히 공부하신다.
낮에도 공부하셨는데, **불철주야**로 쉬지 않고 공부를 하시네.
곧 퀴즈 대회잖아~!
그 대회에서 우승하면 제주도 보내 준대~!
후후~ 제주도에 가는 것도 좋지만 사실 더 좋은 건 따로 있지!
엄마에게 자유를~! <엄마 퀴즈 대회!> 우승하신 엄마에겐 3박 4일 나 홀로 제주 여행을 선물해 드립니다!
바로 바로 나 혼자 가는 여행이라는 점이지롱~!! 음하하하~~
'꼭 우승하고 말거야~!!'

#. 며칠 후 <엄마 퀴즈 대회>

자! 이제 마지막 문제입니다! 두 분이 동점이시기 때문에 이번 문제로 우승자가 결정됩니다!
'자연은 항상 정돈된 상태에서 무질서한 상태로 나아가려는 경향성이 있다.'는 이 법칙은 무엇일까요?
정답~~!! 열역학 제2법칙!
정답입니다! 최종 우승자가 되셨습니다!
우 승
와우~!
#. 제주공항
제주의 향기가 느껴지는구나~ 오호호호~! 혼자 오니까 정말 좋다~!
여보? 왔어?
헉! 뭐, 뭐야? 당신이 여기 왜 있어?
우리 비행기표는 따로 끊어서 왔어요~!
엄마~~~
같이 놀자~ 여보!
아, 안 돼~ 내 자유 시간! 안 돼~~~~

20____년____월____일

不	撤	晝	夜	낮에도 밤에도 멈추지 않는다.
아니 불	거둘 철	낮 주	밤 야	

뜻풀이

불철주야(不撤晝夜) : 밤낮을 가리지 않고 열심히 노력한다.

위 구절의 뜻을 함께 생각해 볼까요?

어떤 일을 밤낮을 가리지 않고 열심히 노력하는 모습을 이를 때 쓰는 사자성어입니다. 비슷한 뜻을 가진 사자성어로 '밤낮으로 쉬지 않고 잇달아서 한다'라는 뜻의 '주야장천(晝夜長川)'과, '온 마음과 온 힘을 다한다'라는 뜻의 '전심전력(全心全力)'이라는 말이 있습니다. 여러분은 현재 어떤 일에 불철주야하고 있나요? 그 노력이 여러분을 멋진 곳으로 안내해 줄 것입니다.

다 같이 생각하고 표현해요.

1. 不撤晝夜(불철주야)가 들어간 문장을 적어 보세요.

예시 : 시험에서 좋은 성적을 거두기 위해 불철주야로 공부하고 있다.

1.

2.

2. 요즘에 不撤晝夜(불철주야)로 노력하고 있는 일이 있나요? 그 일은 무엇이며 왜 그렇게 열심히 하고 있나요?

입으로 소리 내어 읽으면서 손으로 직접 써 보세요.

不	撤	晝	夜	낮에도 밤에도 멈추지 않는다.
아니 **불**	거둘 **철**	낮 **주**	밤 **야**	

불	철	주	야	:	낮	에	도		밤
에	도		멈	추	지		않	는	다
.									

오늘의 퀴즈

1. '낮에도 밤에도 멈추지 않는다'라는 뜻을 가진 사자성어입니다. □ 안에 알맞은 말을 넣어 사자성어를 완성해 보세요.

불			야

2. '철수', '철회', '철거' 등에 사용된 '철'은 '거둔다'라는 뜻을 포함하고 있습니다. 우리말의 '거둔다'라는 뜻의 '거둘 철'을 찾아 한자로 적어 보세요.

3. '주야'는 낮과 밤을 아울러 이르는 말입니다. 때로는 '쉬지 않고 계속한다'라는 의미도 가지고 있습니다. '주야'를 한자로 적어 보세요.

32

유비무환 : 준비를 잘하면 걱정이 없다
有 備 無 患

"미리 준비하면 근심 걱정이 없다."

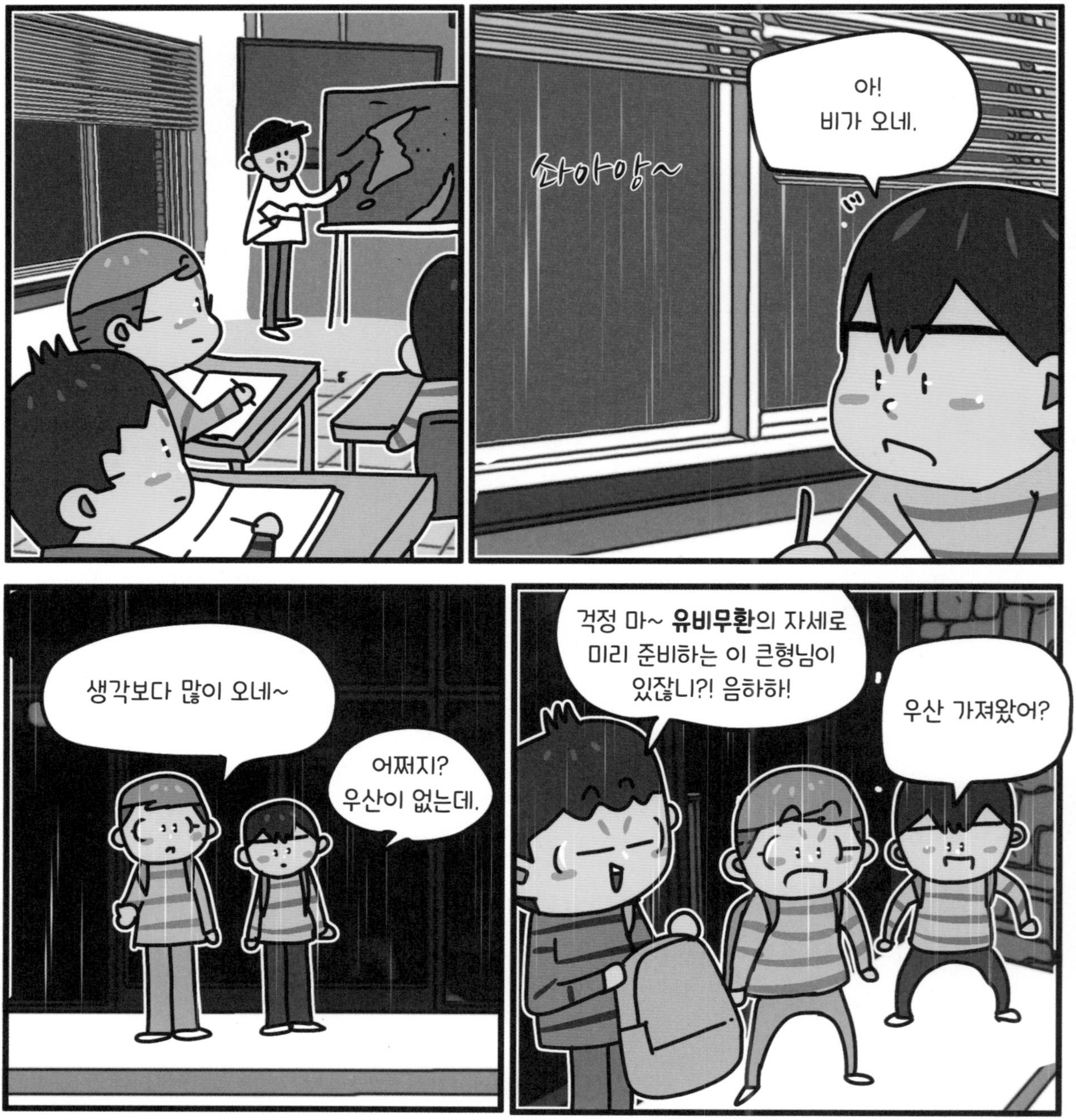

쏴아아앙~
아!
비가 오네.
생각보다 많이 오네~
어쩌지?
우산이 없는데.
걱정 마~ **유비무환**의 자세로
미리 준비하는 이 큰형님이
있잖니?! 음하하!
우산 가져왔어?

당연하지!
나오기 전에 일기예보를
봤거든~!
와아~
짜잔~!
우리 형 최고다!
젖기는 하겠지만,
그래도 우산이 없는 것보다는
나을 거야~!
화악~!
!!
형, 우린 그냥
비 맞을게.
쏴아아아아~~

20____년____월____일

有	備	無	患	준비를 잘하면 걱정이 없다.
있을 유	갖출 비	없을 무	근심 환	

뜻풀이

유비무환(有備無患) : 미리 준비하면 근심 걱정이 없다.

위 구절의 뜻을 함께 생각해 볼까요?

어떤 일을 미리 준비하지 못하면 걱정을 하게 되고 허둥지둥하다가 일을 망치게 됩니다. 하지만 미리 준비를 하면 걱정할 일이 없고 오히려 그 일에 대한 기대감이 생기기 마련입니다. 시험 공부를 열심히 준비한 친구는 시험이 걱정되기는커녕 오히려 시험이 기다려집니다. 준비를 많이 했기 때문에 그 일에 대한 기대감이 있기 때문입니다. 여러분도 어떤 일이든지 유비무환의 자세로 임해서 좋은 결과를 얻으시길 바랍니다.

다 같이 생각하고 표현해요.

1. 有備無患(유비무환)이 들어간 문장을 적어 보세요.

예시 : 유비무환 자세로 시험을 준비해서 좋은 결과를 얻게 되었다.

1. ______________________________

2. ______________________________

2. 최근에 有備無患(유비무환) 자세로 준비해서 좋은 결과를 얻은 일이 있었나요? 有備無患(유비무환)으로 준비하면 어떤 점이 좋을까요?

____

____

입으로 소리 내어 읽으면서 손으로 직접 써 보세요.

有	備	無	患	준비를 잘하면 걱정이 없다.
있을 **유**	갖출 **비**	없을 **무**	근심 **환**	

유	비	무	환	:	준	비	를		잘
하	면		걱	정	이		없	다	.

오늘의 퀴즈

1. '준비를 잘하면 걱정이 없다'라는 뜻을 가진 사자성어입니다. □ 안에 알맞은 말을 넣어 사자성어를 완성해 보세요.

유	비		

2. '구비', '비치' 등에 쓰인 '비'는 모두 '갖추다'라는 뜻을 지니고 있습니다. '갖출 비'를 찾아 한자로 적어 보세요.

3. 근심과 재난을 아울러 '환난'이라 하고, 병을 높이는 말로 '병환'이라 부릅니다. '환난', '병환' 등에 쓰인 '환'은 '근심'이라는 뜻입니다. '근심 환'을 찾아 한자로 적어 보세요.

33

이열치열 : 열은 열로서 다스린다

以 熱 治 熱

"더위를 뜨거운 음식으로 물리친다."

근데 엄마, 아빠는 왜 여름에도, 겨울에도 아이스 커피만 드세요?
뭐?
슬금 슬금
왜 뒷걸음질하세요?
마땅히 할 말이 없네.
끄덕끄덕~!
우린 얼죽아니까 어쩔 수 없어~~ 얼어 죽어도 아이스 커피가 좋다고~~~
하아… 이해해 드려야 하나….

20____년____월____일

以	熱	治	熱	열은 열로서 다스린다.
써 이	더울 열	다스릴 치	더울 열	

뜻풀이

이열치열(以熱治熱) : 더위를 뜨거운 음식으로 물리친다.

위 구절의 뜻을 함께 생각해 볼까요?

여름에 덥다고 아이스크림이나 얼음물을 찾곤 합니다. 하지만 더운 여름에 지나치게 차가운 음식은 건강에 좋지 않습니다. 밖이 더우면 우리 몸은 오히려 차가워지기 때문에 따뜻한 음식이 더 좋다고 합니다. 그래서 더운 여름날에 삼계탕을 찾는 사람도 많습니다. 이처럼 더운 여름에 더운 음식을 먹으면서 더위를 다스리고 건강을 지키는 것을 '이열치열'이라고 합니다.

다 같이 생각하고 표현해요.

1. 以熱治熱(이열치열)이 들어간 문장을 적어 보세요.

예시 : 더운 여름날 이열치열하기 위해 찜질방에 갔다.

1. ____________________

2. ____________________

2. 以熱治熱(이열치열)한 경험이 있나요? 여름에 먹는 뜨거운 음식 중에 자신이 가장 좋아하는 음식은 무엇인가요?

____

____

입으로 소리 내어 읽으면서 손으로 직접 써 보세요.

以	熱	治	熱	열은 열로서 다스린다.
써 **이**	더울 **열**	다스릴 **치**	더울 **열**	

이	열	치	열	:	열	은		열	로
서		다	스	린	다	.			

오늘의 퀴즈

1. '열은 열로서 다스린다'라는 뜻을 가진 사자성어입니다. □ 안에 알맞은 말을 넣어 사자성어를 완성해 보세요.

이	열		

2. 최저 기온이 25도 아래로 내려가지 않는 더운 밤을 일러 '열대야'라고 합니다. 우리말의 '덥다'라는 뜻을 가진 '더울 열'을 찾아 한자로 적어 보세요.

3. '정치', '통치', '협치' 등에 쓰인 '치'는 모두 '다스린다'라는 뜻을 가지고 있습니다. '다스릴 치'를 찾아 한자로 적어 보세요.

34

일사천리 : 한 번 쏟아진 물이 천 리를 흐른다
一 瀉 千 里

"어떤 일이 거침없이 빠르게 진행되다."

와우~!
일사천리로 끝냈네?!
깨끗깨끗~
이제 친구들
초대해도 되지요?
응!
안녕하세요~!
어서 오렴~
똑똑~!!
얘들아~
간식 먹자~!
우당탕탕
우아아아아~
와우~! 어질러 놓는 것도
일사천리구나!

20____년____월____일

一	瀉	千	里	한 번 쏟아진 물이 천 리를 흐른다.
하나 일	쏟을 사	일천 천	거리 리	

뜻풀이

일사천리(一瀉千里) : 어떤 일이 거침없이 빠르게 진행되다.

위 구절의 뜻을 함께 생각해 볼까요?

어떤 일이 거침없이 빠르게 진행될 때 사용하는 사자성어입니다. 예를 들어 해야 할 숙제가 엄청 많았는데 마음을 먹고 집중해서 한 시간 만에 모든 숙제를 다 마쳤을 때 '숙제를 일사천리로 끝냈다'라고 표현할 수 있습니다. 어떤 일을 할 때 집중해서 시작하면 일을 빠르게 끝낼 수 있습니다. 지금 하고 있는 사자성어 공부도 일사천리로 마쳐 보시길 바랍니다.

다 같이 생각하고 표현해요.

1. 一瀉千里(일사천리)가 들어간 문장을 적어 보세요.

예시 : 나는 많은 숙제를 일사천리로 해치웠다.

1.

2.

2. 一瀉千里(일사천리)로 일을 처리하면 좋은 점이 무엇이라고 생각하나요? 一瀉千里(일사천리)로 일을 마치기 위해서는 어떻게 해야 할까요?

입으로 소리 내어 읽으면서 손으로 직접 써 보세요.

一	瀉	千	里	한 번 쏟아진 물이 천 리를 흐른다.
하나 **일**	쏟을 **사**	일천 **천**	거리 **리**	

일	사	천	리	:	한		번		쏟
아	진		물	이		천		리	를
흐	른	다	.						

오늘의 퀴즈

1. '한 번 쏟아진 물이 천 리를 흐른다'라는 뜻을 가진 사자성어입니다. □ 안에 알맞은 말을 넣어 사자성어를 완성해 보세요.

일	사		

2. 배탈이 나서 묽은 변을 마구 싸는 것을 '설사'라고 합니다. 설사를 그치게 하는 약을 '지사제(止瀉劑)'라고 하는데요, '설사'와 '지사'에 쓰인 '쏟을 사'를 찾아 한자로 적어 보세요.

3. '천 리'는 예전에 많이 쓰던 길이의 단위입니다. '십 리'가 4킬로미터 정도이니 '천 리'는 400킬로미터쯤 되는 긴 길이입니다. '천 리'를 한자로 적어 보세요.

35

일석이조 : 돌 하나로 새 두 마리를 잡는다

一 石 二 鳥

“한 가지 일로 두 가지 이익을 얻는다.”

그럼, 애들 저녁은
내가 먹일 테니까 당신은
친구들 좀 만나고 와~!
정말?
그래~! 당신
바람 쐬고 오면 원고
잘 풀리잖아~!
그랬지!
친구들 만나서 즐겁게 놀고,
와서 원고도 잘 풀리면
일석이조잖아?!
응~!
고마워~ 얘들아,
엄마 다녀올게.
네~
얘들아!
라면 먹고 게임하자~!!
와아~~~!!
우리도 **일석이조**다!

20____년____월____일

一	石	二	鳥	돌 하나로 새 두 마리를 잡는다.
하나 일	돌 석	둘 이	새 조	

뜻풀이

일석이조(一石二鳥) : 한 가지 일로 두 가지 이익을 얻는다.

위 구절의 뜻을 함께 생각해 볼까요?

돌 하나로 새 한 마리 잡는 것도 대단한데 돌 하나로 두 마리를 잡는 것은 굉장한 이익이겠죠? 이처럼 한 가지 일로 두 가지 이익을 얻는 것을 이를 때 쓸 수 있는 사자성어입니다. 우리 속담에 '도랑 치고 가재 잡기'라는 말과도 같은 뜻입니다. 또한 '하나를 들어 두 개를 얻는다'는 뜻의 '일거양득(一擧兩得)'과도 똑같은 말입니다. 이 책을 공부하면 사자성어 뜻도 알게 되고 한자도 알게 되니 이거야말로 '일석이조'입니다.

다 같이 생각하고 표현해요.

1. 一石二鳥(일석이조)가 들어간 문장을 적어 보세요.

예시 : 매일 줄넘기를 했더니 줄넘기 실력도 늘었고 몸까지 좋아져 일석이조이다.

1. ______________________________

2. ______________________________

2. '도랑 치고 가재 잡기'처럼 一石二鳥(일석이조)를 다른 말로 표현해 봅시다.

____

____

입으로 소리 내어 읽으면서 손으로 직접 써 보세요.

一	石	二	鳥	돌 하나로 새 두 마리를 잡는다.
하나 **일**	돌 **석**	둘 **이**	새 **조**	

일	석	이	조	:	돌		하	나	로
새		두		마	리	를		잡	는
다	.								

오늘의 퀴즈

1. '돌 하나로 새 두 마리를 잡는다'라는 뜻을 가진 사자성어입니다. □ 안에 알맞은 말을 넣어 사자성어를 완성해 보세요.

일	석		

2. 돌로 만들어진 건물을 '석조 건물'이라 하고, 건물을 짓거나 물건을 만들 때 쓰이는 돌을 '석재'라고 부릅니다. '석조 건물', '석재' 등에 쓰인 '돌 석'을 찾아 한자로 적어 보세요.

---

3. 옛날 그림을 보면 꽃과 새를 그린 그림이 많은데 이를 '화조도(花鳥圖)'라고 부릅니다. '새 조'를 찾아 한자로 적어 보세요.

36

일취월장 : 매일 이루고 매월 나아간다
日 就 月 將

"나날이 발전해 나아간다."

엄마! 제가 뜨개질로 만든 것 좀 보세요~!
어머! 백 일 동안 매일 연습하더니 뜨개질 실력이 **일취월장**했구나!
이게 다 어머니 덕분이에요~ 크흑~~
상상이었음….
…
에휴~ 너 또 털실이랑 씨름했냐?!
흥! 놀리지 마~! 언젠간 내 꿈처럼 뜨개질로 뭐든지 만들 수 있는 사람이 될 거야! 난 포기하지 않아!!
파아~~
그냥 포기해라. 실이 아까워서 더는 안 되겠다~!
엄마…

20____년____월____일

日	就	月	將	매일 이루고 매월 나아간다.
날 일	이룰 취	달 월	나아갈 장	

뜻풀이

일취월장(日就月將) : 나날이 발전해 나아간다.

위 구절의 뜻을 함께 생각해 볼까요?

이 구절은 나날이 발전해 나아가는 모습을 나타낼 때 사용하는 사자성어입니다. 매일 조금씩 꾸준하게 노력하다 보면 나중에는 큰 것을 이룰 수 있겠지요? 여러분이 만약 피아노를 배운다고 했을 때 하루아침에 피아노 실력이 좋아지지는 않습니다. 매일 꾸준하게 연습하다 보면 어느 순간에는 자신의 피아노 실력이 일취월장으로 발전했다는 사실을 알게 될 것입니다.

다 같이 생각하고 표현해요.

1. 日就月將(일취월장)이 들어간 문장을 적어 보세요.

예시 : 내 피아노 실력이 작년에 비해 일취월장했다.

1. ______________________________

2. ______________________________

2. 작년과 비교해서 日就月將(일취월장)한 부분이 있나요? 어떤 실력이 日就月將(일취월장)하기 위해서는 어떻게 해야 할까요?

____

____

입으로 소리 내어 읽으면서 손으로 직접 써 보세요.

日	就	月	將	매일 이루고 매월 나아간다.
날 **일**	이룰 **취**	달 **월**	나아갈 **장**	

일	취	월	장	:	매	일		이	루
고		매	월		나	아	간	다	.

오늘의 퀴즈

1. '매일 이루고 매월 나아간다'라는 뜻을 가진 사자성어입니다. □ 안에 알맞은 말을 넣어 사자성어를 완성해 보세요.

일			장

2. 목적한 바를 이루어 내는 것을 '성취'라고 하고, 직장을 얻는 것을 '취업'이라고 합니다. '성취', '취업' 등에 쓰인 '이룰 취'를 찾아 한자로 적어 보세요.

3. '장차', '장래' 등에 쓰인 '장'은 모두 '앞으로 나아간다'라는 뜻을 가지고 있습니다. '나아갈 장'을 찾아 한자로 적어 보세요.

37

자포자기 : 자기 스스로를 해치고 스스로 버리다

自 暴 自 棄

"절망에 빠져 자신을 돌보지 않고 포기하다."

갑자기 찬바람이 불면 어김없이 남편을 찾아오는, 반갑지 않은 손님.
에~ 에~
여보, 여기.
에휴. 비염 때문에 또 고생이네.
바로, 비염입니다.
그동안 비염에 좋다는 건 다 해 봤지요….
비염에 좋다는 차

비염에 좋다는 음식
우걱 우걱
홍삼
대추
세척…
마사지…
콰아아아~
하지만 비염이
낫지를 않네요.
여보, 코 마사지 좀 했어?
어때?
흑~ 다 소용없어.
이젠 자포자기야.
안 돼, 여보.
오늘만큼은 자포자기하지 말아 줘~~
OO여고 부부동반 모임
남편 분
감기에 걸리셨나 봐.
팽~~
아니,
비염 때문에~

20____년____월____일

自	暴	自	棄	자기 스스로를 해치고 스스로 버리다.
스스로 자	해칠 포	스스로 자	버릴 기	

뜻풀이

자포자기(自暴自棄) : 절망에 빠져 자신을 돌보지 않고 포기하다.

위 구절의 뜻을 함께 생각해 볼까요?

절망에 빠져 자신을 돌보지도 않고 모든 것을 다 포기하는 사람을 이르는 사자성어입니다. 참 안타까운 구절입니다. 자신의 가능성이나 가치를 깨닫지 못하고 모든 것을 다 포기하고 노력조차 하지 않는다고 생각해 보세요. 이런 사람들을 보게 된다면 얼마나 안타까울까요? 혹시 여러분도 자포자기한 경험이 있나요? 살다 보면 어렵고 힘든 순간이 오기 마련입니다. 그때마다 자포자기하지 말고 견디고 한 걸음씩 앞으로 나아가는 사람이 되길 바랍니다.

다 같이 생각하고 표현해요.

1. 自暴自棄(자포자기)가 들어간 문장을 적어 보세요.

예시 : 아무것도 할 수 없는 상황 앞에서 나는 자포자기했다.

1. ______________________________

2. ______________________________

2. 어떤 일 앞에서 自暴自棄(자포자기) 심정이 된 적이 있나요? 어떻게 하면 그러한 상황에서 잘 빠져나올 수 있을까요?

____

____

입으로 소리 내어 읽으면서 손으로 직접 써 보세요.

自	暴	自	棄	자기 스스로를 해치고 스스로 버리다.
스스로 **자**	해칠 **포**	스스로 **자**	버릴 **기**	

자	포	자	기	:	자	기		스	스
로	를		해	치	고		스	스	로
버	리	다	.						

오늘의 퀴즈

1. '자기 스스로를 해치고 스스로 버리다'라는 뜻을 가진 사자성어입니다. □ 안에 알맞은 말을 넣어 사자성어를 완성해 보세요.

	포		기

2. 시합이나 투표 등에서 자기의 권리를 버리고 행사하지 않는 것을 일러 '기권(棄權)'이라 합니다. 기권은 '권리를 포기한다'라는 뜻입니다. '기권'에 쓰인 '버릴 기'를 찾아 한자로 적어 보세요.

3. 자신과 남을 아울러 '자타'라고 합니다. 우리말의 '자신'을 일컫는 '스스로 자'를 찾아 한자로 적어 보세요.

38

작심삼일 : 먹은 마음이 삼 일을 못 넘기다
作心三日

"결심한 마음이 사흘을 가지 못하고 풀어지다."

물론 **작심삼일**로 끝날 수도 있겠지~ 하지만 그래도 포기하지 말고 계속해서 노력해야 돼~! 그게 중요한 거야~
정말요?
그럼~! 정말이지!
그러면 이 결심도 포기하지 말고 끝까지 지켜야 돼요?
응! 무슨 결심인데 그래?
< 나의 결심 >
1. 형이랑 안 놀기!
2. 내 물건 형한테 절대 안 빌려 주기!
3. 형이 말해도 대답하지 않기!
4. 형 잘 때 몰래 콧구멍 쑤시기!
……
형이랑 싸워서 결심했던 거예요~! 엄마가 지키라고 하시니까, 한번 열심히…
쫘아악!
쫘아악!
아니야~ 이런 건 **작심삼일**까지 갈 필요도 없지~!

20____년____월____일

作	心	三	日	먹은 마음이 삼 일을 못 넘기다.
지을 작	마음 심	석 삼	날 일	

뜻풀이

작심삼일(作心三日) : 결심한 마음이 사흘을 가지 못하고 풀어지다.

위 구절의 뜻을 함께 생각해 볼까요?

단단히 먹은 마음이 사흘을 가지 못하고 스르르 풀려 버리는 것을 일러 사용하는 사자성어입니다. 결심한 대로 실천하기가 어렵다는 뜻이기도 하고, 사람의 마음이 쉽게 변한다는 것을 뜻하기도 합니다. 여러분도 혹시 '작심삼일'에 그치고 있는 일이 있나요? 결심한 지 삼 일도 안 되었는데 포기했다고 너무 부끄럽게 생각하거나 자책하지 말기 바랍니다. 다시 한번 마음을 먹고 시작해 보세요. 인생은 실패해도 또 도전하면 되니까요.

다 같이 생각하고 표현해요.

1. 作心三日(작심삼일)이 들어간 문장을 적어 보세요.

예시 : 운동하려던 나의 계획은 작심삼일로 끝났다.

1.

2.

2. 자신이 세웠던 계획이 作心三日(작심삼일)로 끝난 일이 있었나요? 그렇게 끝나지 않기 위해서는 어떻게 해야 할지 생각해 보세요.

입으로 소리 내어 읽으면서 손으로 직접 써 보세요.

作	心	三	日	먹은 마음이 삼 일을 못 넘기다.
지을 **작**	마음 **심**	석 **삼**	날 **일**	

작	심	삼	일	:	먹	은		마	음
이		삼		일	을		못		넘
기	다	.							

오늘의 퀴즈

1. '먹은 마음이 삼 일을 못 넘김'이라는 뜻을 가진 사자성어입니다. □ 안에 알맞은 말을 넣어 사자성어를 완성해 보세요.

작	심		

2. '작심', '작정' 등에 사용되는 '작'은 '마음을 먹는다'라는 뜻을 지니고 있습니다. '지을 작'을 찾아 한자로 적어 보세요.

3. '심리', '심정', '심경', '심성', '심중' 등에 쓰인 '심'은 모두 '마음'을 뜻합니다. '마음 심'을 찾아 한자로 적어 보세요.

39

주경야독 : 낮에는 밭을 갈고 밤에는 책을 읽는다

晝 耕 夜 讀

"어려운 여건 속에서도 꿋꿋이 공부한다."

하아… 끝났다!
탁!
몇 달 동안 주경야독하며
힘들게 공부하더니
드디어 끝냈구나! 축하해!
농사 비법
응! 이제 농사에 관한
모든 걸 알게 됐어!
당장 텃밭에 가서 시작해 볼래!
그래!
그럼 시작해 볼까?
좋아!!

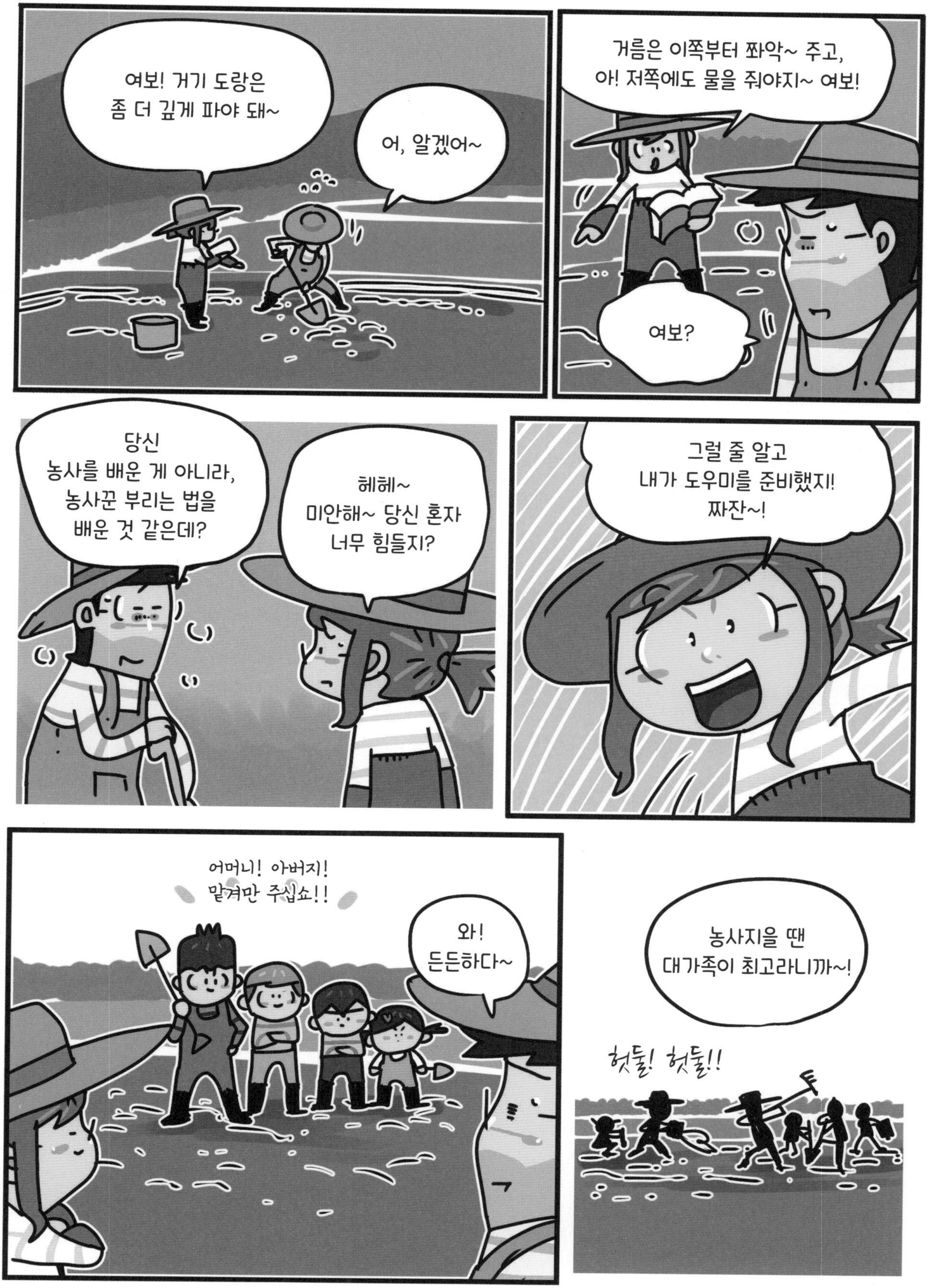
여보! 거기 도랑은
좀 더 깊게 파야 돼~
어, 알겠어~
거름은 이쪽부터 좌악~ 주고,
아! 저쪽에도 물을 줘야지~ 여보!
여보?
당신
농사를 배운 게 아니라,
농사꾼 부리는 법을
배운 것 같은데?
헤헤~
미안해~ 당신 혼자
너무 힘들지?
그럴 줄 알고
내가 도우미를 준비했지!
짜잔~!
어머니! 아버지!
맡겨만 주십쇼!!
와!
든든하다~
농사지을 땐
대가족이 최고라니까~!
헛둘! 헛둘!!

20____년____월____일

晝	耕	夜	讀	낮에는 밭을 갈고 밤에는 책을 읽는다.
낮 주	밭갈 경	밤 야	읽을 독	

뜻풀이

주경야독(晝耕夜讀) : 어려운 여건 속에서도 꿋꿋이 공부한다.

위 구절의 뜻을 함께 생각해 볼까요?

낮에는 농사일을 하고 밤에 시간을 내어 공부한다는 뜻으로, 어려운 여건임에도 불구하고 꿋꿋하게 공부하는 모습을 이를 때 사용하는 대표적인 사자성어입니다. 여러분 중에도 이렇게 힘들게 공부하는 친구들이 있나요? 아마 대부분은 공부만 하면 되는 친구들이 많을 듯합니다. 여러분이 처한 처지에 감사하며 주경야독하는 심정으로 여러분의 꿈을 위해 열심히 공부하기 바랍니다.

다 같이 생각하고 표현해요.

1. 晝耕夜讀(주경야독)이 들어간 문장을 적어 보세요.

예시 : 내 친구는 어려운 가정환경임에도 불구하고 주경야독하듯이 열심히 공부한다.

1. ______________________________

2. ______________________________

2. 晝耕夜讀(주경야독)하듯이 어려운 환경에서도 열심히 공부하기 위해서는 무엇이 필요하다고 생각하나요?

____

____

입으로 소리 내어 읽으면서 손으로 직접 써 보세요.

晝	耕	夜	讀	낮에는 밭을 갈고 밤에는 책을 읽는다.
낮 **주**	밭갈 **경**	밤 **야**	읽을 **독**	

주	경	야	독	:	낮	에	는		밭
을		갈	고		밤	에	는		책
을		읽	는	다	.				

오늘의 퀴즈

1. '낮에는 밭을 갈고 밤에는 책을 읽는다'라는 뜻을 가진 사자성어입니다. □ 안에 알맞은 말을 넣어 사자성어를 완성해 보세요.

주		야	

2. 낮과 밤을 아울러 '주야'라고 하고, 밤낮으로 쉬지 않고 계속하는 것을 일러 '주야장천'이라 합니다. 우리말의 '낮과 밤'을 이르는 말인 '주야'를 찾아 한자로 적어 보세요.

3. 땅을 갈아 곡식이나 채소 따위를 길러 가꾸는 것을 '경작'이라고 합니다. '밭이나 논을 간다'라는 의미의 '밭갈 경'을 찾아 한자로 적어 보세요.

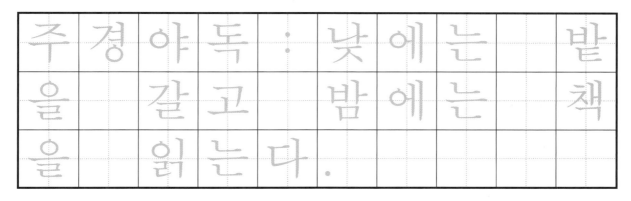

40

학수고대 : 학처럼 머리를 길게 빼고 몹시 기다린다
鶴 首 苦 待

"무엇인가를 간절히 기다린다."

아빠가 저도
선물 사 주신대요!
뭐?
또 그런 약속을!
랄라야~
오빠 생일엔 오빠
선물만 사야지~
힝~
아빠가 사 주신다고
했어요~
네 선물은,
네 생일에 사는 거야~!
힝힝~ 안 돼요~!
약속은 지켜야죠~~
어휴~ 아빠는 도대체
왜 오빠들 생일 때마다 그런
약속을 하시는 거야~!!
슬금
슬금
도대체 왜?
퍽! 퍽!
꽥!
뭐지?
뭐가 밟힌 것 같은데.
퍽!
퍽!
퍽!

20____년____월____일

鶴	首	苦	待	학처럼 머리를 길게 빼고 몹시 기다린다.
학 학	머리 수	쓸 고	기다릴 대	

뜻풀이

학수고대(鶴首苦待) : 무엇인가를 간절히 기다린다.

위 구절의 뜻을 함께 생각해 볼까요?

'무엇인가를 간절히 기다림'을 나타내는 사자성어로, '기다리다 목 빠지겠다', '목 빠지게 기다린다'와 같은 표현으로도 많이 쓰입니다. 이와 비슷한 말로 '일일삼추(一日三秋)'라는 말이 있는데, 이 뜻은 '하루가 삼 년 같다'라는 뜻으로 매우 애태우며 기다리는 것을 뜻하는 말입니다. 여러분은 학수고대하고 있는 것이 있나요? 학수고대하는 일이 꼭 이루어지길 바랍니다.

다 같이 생각하고 표현해요.

1. 鶴首苦待(학수고대)가 들어간 문장을 적어 보세요.

예시 : 용돈 받는 날을 학수고대하고 있다.

1. ______________________________

2. ______________________________

2. 자신이 鶴首苦待(학수고대)하고 있는 일이 있나요? 바라던 일이 이루어졌을 때 나의 기분은 어떨까요?

____

____

입으로 소리 내어 읽으면서 손으로 직접 써 보세요.

鶴	首	苦	待	학처럼 머리를 길게 빼고 몹시 기다린다.
학 **학**	머리 **수**	쓸 **고**	기다릴 **대**	

학	수	고	대	:	학	처	럼		머
리	를		길	게		빼	고		몹
시		기	다	린	다	.			

오늘의 퀴즈

1. '학처럼 머리를 길게 빼고 몹시 기다린다'라는 뜻을 가진 사자성어입니다. □ 안에 알맞은 말을 넣어 사자성어를 완성해 보세요.

학			대

2. 악당의 우두머리를 일러 '괴수'라고 하고, 단체를 통솔하는 사람을 '수장'이라고 합니다. 여기에 사용된 '수'는 '우두머리'라는 뜻입니다. 우리말의 '우두머리'에 해당하는 '머리 수'를 찾아 한자로 적어 보세요.

---

3. 어떤 일이 원하는 대로 되기를 바라는 것을 '기대'라고 하고, 몹시 기대하는 것을 '고대'라고 합니다. '기대', '고대' 등에 사용된 '기다릴 대'를 찾아 한자로 적어 보세요.

삶은 끊임없는 문제의 연속입니다. 파도가 연이어 밀려오는 것처럼 말입니다. 문제나 어려움이 올 때 피하려고 하지 마세요. 한 번 피하면 끝나는 것이 아니라 계속 밀려오기 때문입니다.
나에게 닥쳐오는 문제나 어려움을 이겨 내는 지혜를 터득할 필요가 있습니다. 이 지혜는 문제 너머의 해결책을 볼 수 있게 해 주고 어려움의 실체를 분석할 수 있는 통찰력을 갖게 해 줍니다. 이러한 지혜는 피할 때 생기는 것이 아니라, 당당하게 맞서는 사람에게 생기는 신기한 능력이기도 합니다.
이 장에서는 인생의 지혜가 될 만한 사자성어를 배우게 될 것입니다. 자신이 현재 직면하고 있는 문제나 어려움을 돌파하는 데 도움을 받을 수도 있을 것입니다. 괜히 멋있어 보이고 마음에 와 닿는 구절을 만나게 될지도 모르겠습니다. 이런 구절을 본다면 자신의 인생 구절로 삼아도 좋을 것입니다. 이 구절들이 여러분 곁에서 문제와 어려움을 헤쳐 나갈 수 있도록 지혜를 줄 것이며 응원해 줄 것입니다.

4장

역경과 지혜 편

힘든 순간에 빛나는 인생의 통찰

41

고진감래 : 쓴 것이 다하면 단 것이 온다

苦 盡 甘 來

"고생 끝에 낙이 온다."

징징징~
드디어 오늘 남편이 오는구나.
11
남편 돌아오는 날
그래! 오늘만 더 고생하자!

여보~!!!
나 왔어~! 많이 늦었지?
애들은 기다리다가
잠들었어~
혼자서 힘들었지?
자! 선물이야~!
와아…!!
아… 고진감래라더니~
정말 달콤하다.
이 순간을 얼마나 기다렸는지.
정말 행복해!
여보~
나도 반가운 거
맞지?
아~ 너무 좋아~
냠냠.
날 기다린 거야?
간식 선물을
기다린 거야?
안 돼~
에잇!

20____년____월____일

苦	盡	甘	來	쓴 것이 다하면 단 것이 온다.
쓸 고	다할 진	달 감	올 래	

뜻풀이

고진감래(苦盡甘來) : 고생 끝에 낙이 온다.

위 구절의 뜻을 함께 생각해 볼까요?

'고생 끝에 낙이 온다'라는 말을 흔히 쓰는데, 이 말을 사자성어로 '苦盡甘來(고진감래)'라고 합니다. 직역하면 '쓴 것이 다하면 단 것이 온다'라는 말입니다. 예를 들어 밤을 새워 가며 시험 공부를 했더니 시험에서 100점을 받았을 때 쓸 수 있는 말입니다. 지금 하는 것 중에 고생스럽고 힘든 것이 있나요? '고진감래'라는 말을 기억하면서 오늘도 힘을 내기 바랍니다.

다 같이 생각하고 표현해요.

1. 苦盡甘來(고진감래)가 들어간 문장을 적어 보세요.

예시 : 고진감래라더니 이렇게 좋은 일이 생길 줄이야.

1.

2.

2. '고생 끝에 낙이 온다'라고 했는데, 자신이 겪은 일이 있다면 적어 본 후 그때 들었던 생각이나 느낌도 간단하게 적어 보세요.

입으로 소리 내어 읽으면서 손으로 직접 써 보세요.

苦	盡	甘	來	쓴 것이 다하면 단 것이 온다.
쓸 **고**	다할 **진**	달 **감**	올 **래**	

고	진	감	래	:	쓴		것	이	
다	하	면		단		것	이		온
다	.								

오늘의 퀴즈

1. '고생 끝에 낙이 온다'라는 뜻을 가진 사자성어입니다. □ 안에 알맞은 말을 넣어 사자성어를 완성해 보세요.

고		감	

2. '고생', '수고', '노고', '고난'과 같은 말에 공통적으로 들어가는 '고'는 '어렵고 고되다'라는 의미를 가지고 있습니다. '쓸 고'를 찾아 한자로 적어 보세요.

---

3. '苦盡甘來(고진감래)'에서 '苦(고)'와 반대되는 의미로 '달다'라는 뜻을 가진 한자를 찾아 적어 보세요.

42

과유불급 : 지나침은 오히려 미치지 못함과 같다

過 猶 不 及

"어느 한쪽으로 치우치지 않은 것이 좋다."

윽…
엄마… 너무 달아서 못 먹겠어요~
어휴~ 초코 시럽을 이렇게나 많이 넣었어?
어휴. 어떡하죠?
어떡하긴?
엄마가 먹으면 되지~!
우와…
엄마에게 불가능은 없단다~
이런 것도 할 수 있단다!!
역시 초콜릿 귀신~

過	猶	不	及	지나침은 오히려 미치지 못함과 같다.
지날 과	오히려 유	아니 불	미칠 급	

뜻풀이

과유불급(過猶不及) : 어느 한쪽으로 치우치지 않은 것이 좋다.

위 구절의 뜻을 함께 생각해 볼까요?

운동을 지나치게 많이 해서 몸이 건강해지기는커녕 오히려 몸이 망가진다면 어떨까요? 운동은 분명 몸에 좋은 것이지만, 너무 많이 해서 몸이 상한다면, 운동을 안 해서 몸이 허약해진 것과 다를 바 없겠죠? '과유불급'은 이런 상황을 이를 때 쓸 수 있는 사자성어입니다. 아무리 좋은 것도 지나치면 좋지 않다는 뜻입니다. 음식도 너무 많이 먹으면 좋지 않고 잠도 너무 많이 자면 좋지 않습니다. 모든 것에 너무 지나치지 않은 사람이 되길 바랍니다.

다 같이 생각하고 표현해요.

1. 過猶不及(과유불급)이 들어간 문장을 적어 보세요.

예시 : 과유불급이라 했는데 밥을 너무 많이 먹었다.

1.

2.

2. 어떤 일을 지나치게 해서 오히려 망친 적이 있나요? 자신의 삶에서 좀 줄이는 것이 좋을 것들을 생각해 보세요.

입으로 소리 내어 읽으면서 손으로 직접 써 보세요.

過	猶	不	及	지나침은 오히려 미치지 못함과 같다.
지날 **과**	오히려 **유**	아니 **불**	미칠 **급**	

과	유	불	급	:	지	나	침	은	
오	히	려		미	치	지		못	함
과		같	다	.					

오늘의 퀴즈

1. '지나침은 오히려 미치지 못함과 같다'라는 뜻을 가진 사자성어입니다. □ 안에 알맞은 말을 넣어 사자성어를 완성해 보세요.

과		불	

2. '과식', '과음', '과소비' 같은 말에 공통적으로 들어가는 '과'는 '지나치다'라는 뜻을 가지고 있습니다. '지날 과'를 찾아 한자로 적어 보세요.

3. 어떤 일이 다른 일에 영향을 주는 것을 '파급'이라고 합니다. '파급'에 쓰인 '급'은 '영향을 미치다'라는 의미를 지니고 있습니다. '미칠 급'을 찾아 한자로 적어 보세요.

43

무용지물 : 쓸모없는 물건

無 用 之 物

"아무 소용없는 물건이나 쓸데없는 사람"

저기, 혹시 이 물건들 버리는 거요?
네~ 저한테는 **무용지물**이라서요.
허! 이렇게 훌륭한 물건들이 **무용지물**이라니! 그럼 내가 가져도 될까?
예, 그러세요~

뚝딱뚝딱
짜잔~
헉!!
고맙소~
부아아앙~
#. 한달후
안녕하세요~ 어르신!
이 물건들 다 버릴 건데,
필요하시면 가져가세요~
힐끔
아니, 쓰레기를
뭐하러?
아, 네.

20____년____월____일

無	用	之	物	쓸모없는 물건
없을 무	쓸 용	어조사 지	만물 물	

뜻풀이

무용지물(無用之物) : 아무 소용없는 물건이나 쓸데없는 사람

위 구절의 뜻을 함께 생각해 볼까요?

예전에는 쓸 만했는데 시간이 흘렀거나 애초의 목적이 상실되어 이제는 아무짝에도 쓸모가 없게 된 물건이나 사람을 이르는 사자성어입니다. 여러분 중에 혹시 가정이나 학교 등에서 무용지물처럼 취급을 받는 친구들은 없겠지요? 여러분은 어디를 가든지 꼭 필요하고 중요한 사람이 되기를 응원합니다.

다 같이 생각하고 표현해요.

1. 無用之物(무용지물)이 들어간 문장을 적어 보세요.

예시 : 내가 어렸을 때 가지고 놀던 장난감은 이제 무용지물이다.

1.

2.

2. 내가 가지고 있는 물건 중에서 無用之物(무용지물)이 된 물건이 있나요? 그 물건이 왜 無用之物(무용지물)이 되었는지도 생각해 보세요.

입으로 소리 내어 읽으면서 손으로 직접 써 보세요.

無	用	之	物	쓸모없는 물건
없을 **무**	쓸 **용**	어조사 **지**	만물 **물**	

무	용	지	물	:	쓸	모	없	는	
물	건								

오늘의 퀴즈

1. '쓸모없는 물건'이라는 뜻을 가진 사자성어입니다. □ 안에 알맞은 말을 넣어 사자성어를 완성해 보세요.

무	용		

2. '용도', '용법', '활용', '사용' 등에 쓰이는 '용'은 쓰거나 '이용한다'라는 뜻을 가지고 있습니다. 우리말의 '쓴다'라는 뜻을 가진 '쓸 용'을 찾아 한자로 적어 보세요.

3. '만물'은 세상에 있는 갖가지 모든 것을 일러 쓰는 말입니다. '만물', '물건', '사물', '선물' 등에 쓰이는 '만물 물'을 찾아 한자로 적어 보세요.

44

비일비재 : 하나도 아니요, 둘도 아니다

非一非再

"같은 일이 한두 번이 아니라 수없이 많다."

엄마!
제 지갑이 안 보여요~!
뒤적뒤적
엄마!
제 가방도 안 보여요~
어디에 놨는데?
무덤덤
형이랑
의자에 같이 놓았는데
없어졌어요~
다시 가서
잘 찾아봐~
네~
엄마는
왜 우리가 물건
잃어버려도
안 놀라세요?

이런 일이 비일비재하다 보니,
이젠 놀랍지가 않네~
아…
열심히 찾아보고도
없으면 어쩔 수 없는
거지 뭐~ 안 그래?
네~
엄마! 놀이터 뒤에 맛집이
망했나 봐요! 문 닫혀 있고
폐업이라고 써 있어요!
뭐어? 정말이야?
아, 말도 안 돼!!!
거기 얼마나 맛있는 집이었는데.
여보!!
놀이터 뒤에 맛집 있잖아?
거기 망했대~
어떡해~~
이제 못 먹어~~
어떡해~~~
이렇게 끝낼 수 없어!
내 눈으로 직접
확인해야겠어!!
엄마,
진정하세요~

20_____년_____월_____일

非	一	非	再	하나도 아니요, 둘도 아니다.
아닐 비	한 일	아닐 비	두 재	

뜻풀이

비일비재(非一非再) : 같은 일이 한두 번이 아니라 수없이 많다.

위 구절의 뜻을 함께 생각해 볼까요?

'비일비재하다'라는 말은 '많다', '수두룩하다', '흔하다'와 같은 말과 비슷한 말입니다. 한두 개가 아니라 수없이 많다는 뜻으로 쓰이기도 하고, 어떤 일이 아주 자주 일어나는 것을 가리킬 때도 있습니다. '비일비재'와 같은 의미의 사자성어로 '부지기수(不知其數)'가 있습니다. 이는 '그 수를 헤아릴 수 없을 만큼 많다'라는 뜻으로 비일비재와 똑같은 표현입니다. 혹시 여러분 중에 학교 숙제를 안 하는 날이 비일비재한 친구는 없겠지요?

다 같이 생각하고 표현해요.

1. 非一非再(비일비재)가 들어간 문장을 적어 보세요.

예시 : 말썽꾸러기 동생과 싸우는 날이 비일비재하다.

1. ____________________

2. ____________________

2. 자신의 일상 중에서 어쩌다 한 번이 아니라 자주 반복되는 非一非再(비일비재)한 일이 있나요? 그런 일이 왜 자꾸 반복된다고 생각하나요?

____

____

입으로 소리 내어 읽으면서 손으로 직접 써 보세요.

非	一	非	再	하나도 아니요, 둘도 아니다.
아닐 **비**	한 **일**	아닐 **비**	두 **재**	

비	일	비	재	:	하	나	도		아
니	요,		둘	도		아	니	다	.

오늘의 퀴즈

1. '하나도 아니요, 둘도 아니다'라는 뜻을 가진 사자성어입니다. □ 안에 알맞은 말을 넣어 사자성어를 완성해 보세요.

비		비	

2. 어떤 일이 다시 생기거나 일어나는 것을 '재발'이라고 합니다. 여기에 쓰인 '재'는 '두 번째로 다시'라는 뜻을 가지고 있습니다. '두 번째'를 뜻하는 '두 재'를 찾아 한자로 적어 보세요.

---

3. 따뜻한 정이 없는 것을 '비정하다'라고 하고, 평상시와 다르거나 일상적이지 않은 상황을 '비상사태'라고 합니다. '비정', '비상' 등에 쓰인 '아닐 비'를 찾아 한자로 적어 보세요.

45

사면초가 : 사방에서 들려오는 초나라 노래

四 面 楚 歌

"몹시 어려운 일을 당해 아주 곤란한 상황에 빠지다."

앞쪽은 막혔고 뒤에는 아빠가 있고,
양옆에는 동생들이 있어! 하아…
사면초가 상황이로군. 어떻게 하지?
사삭
오! 기회다!
피융!

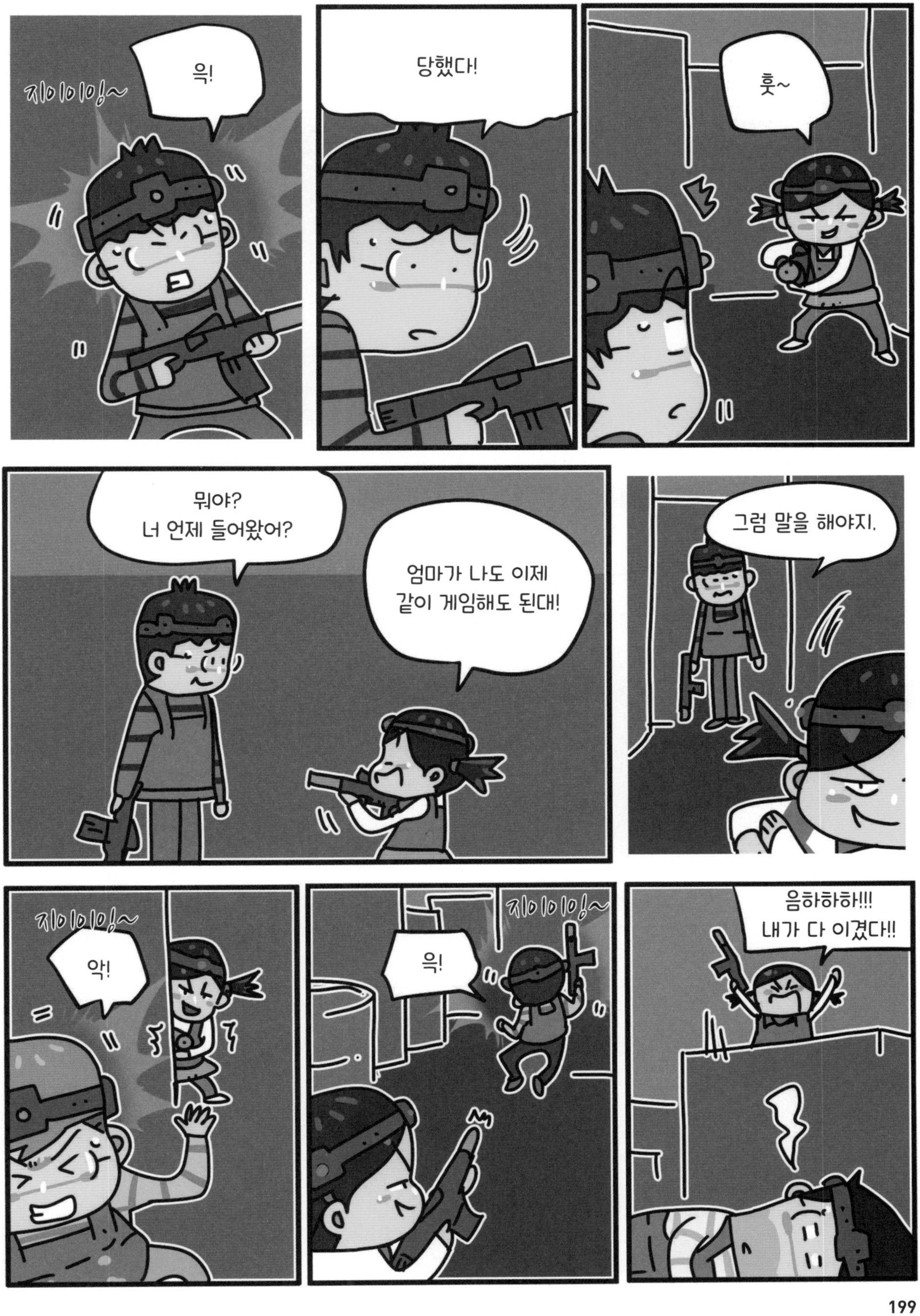
지이이잉~
윽!
당했다!
훗~
뭐야?
너 언제 들어왔어?
엄마가 나도 이제
같이 게임해도 된대!
그럼 말을 해야지.
지이이잉~
악!
지이이잉~
윽!
음하하하!!!
내가 다 이겼다!!

20______년______월______일

四	面	楚	歌	사방에서 들려오는 초나라 노래
넉 사	얼굴 면	초나라 초	노래 가	

뜻풀이 **사면초가**(四面楚歌) : **몹시 어려운 일을 당해 아주 곤란한 상황에 빠지다.**

위 구절의 뜻을 함께 생각해 볼까요?

중국 초나라의 '항우'와 한나라의 '유방'이 서로 맞서 싸울 때 생긴 고사성어입니다. 한나라 군에 의해 사방이 포위된 초나라 군대를 이기기 위해 유방은 한 가지 꾀를 씁니다. 한밤중에 초나라 포로들에게 초나라 노래를 부르게 한 것입니다. 격렬하게 저항하던 초나라 군사들은 고향 생각에 사기가 떨어져 하나둘씩 도망치기 시작하고, 결국 초나라 군대는 패하게 됩니다. '사면초가'는 여기서 유래된 고사성어로 '몹시 어려운 일을 당해 아주 곤란한 상황에 빠짐'을 빗대어 이르는 말이 되었습니다.

다 같이 생각하고 표현해요.

1. 四面楚歌(사면초가)가 들어간 문장을 적어 보세요

예시 : 아무한테도 도움을 받을 수 없는 내 신세가 사면초가와 같다.

1.

2.

2. 최근에 겪은 일 중에서 四面楚歌(사면초가)를 겪은 일이 있었나요? 四面楚歌(사면초가)를 겪을 때 어떤 생각이 들었나요?

입으로 소리 내어 읽으면서 손으로 직접 써 보세요.

四	面	楚	歌	사방에서 들려오는 초나라 노래
넉 **사**	얼굴 **면**	초나라 **초**	노래 **가**	

사	면	초	가	:	사	방	에	서	
들	려	오	는		초	나	라		노
래									

오늘의 퀴즈

1. '사방에서 들려오는 초나라 노래'라는 뜻을 가진 사자성어입니다. □ 안에 알맞은 말을 넣어 사자성어를 완성해 보세요.

	면		가

2. 우리나라는 '동해', '남해', '서해'로 삼면(三面)이 바다로 둘러싸인 나라입니다. 전후좌우 모든 면을 일컫는 '사면'을 한자로 적어 보세요.

3. '가요', '가사', '가락' 등에 쓰인 '가'는 '노래'라는 뜻을 지니고 있습니다. '노래 가'를 찾아 한자로 적어 보세요.

46

사상누각 : 모래 위에 세워진 누각

沙 上 樓 閣

"기초가 약하여 오래가지 못하다."

빵이 부풀지 않았네요! 반죽 만드는 기초 작업을 제대로 안 해서 그래요~
오빠! 내가 아까 반죽 열심히 하라고 했잖아~
호호~ 랄라 말이 맞아요~
칫! 그래도 괜찮아요! 빵은 모양보다는 맛이 중요하니까요!
얍!
우웩! 맛도 이상해요!
아휴~ 내가 계량도 정확히 해야 된다고 했잖아~
흑.
혀니는 빵이 아니라 전시품을 만들어왔구나!
...
사상누각

20____년____월____일

沙	上	樓	閣	모래 위에 세워진 누각
모래 사	위 상	다락 누	집 각	

뜻풀이

사상누각(沙上樓閣) : 기초가 약하여 오래가지 못하다.

위 구절의 뜻을 함께 생각해 볼까요?

'누각'은 산이나 언덕, 물가에 휴식을 위해 멋지게 지은 다락집을 말합니다. 모래 위에 누각을 짓는다고 생각해 보세요. 기초가 튼튼하지 못하여 작은 충격에도 모래성처럼 와르르 무너지고 말 것입니다. '사상누각'은 기초가 약하여 오래가지 못하는 것을 이를 때 쓰는 사자성어입니다. 무슨 일이든지 기초가 가장 중요합니다. 기초를 소홀히 하고 튼튼히 하지 않으면 사상누각에 불과하다는 사실을 꼭 기억하기 바랍니다.

다 같이 생각하고 표현해요.

1. 沙上樓閣(사상누각)이 들어간 문장을 적어 보세요.

예시 : 운동할 때 체력을 기르지 않으면 모든 운동이 사상누각에 불과할 것이다.

1. ______________________________

2. ______________________________

2. 기초를 소홀히 해서 낭패를 겪은 일이 있나요? 공부할 때 가장 기초에 해당하는 것은 무엇이라고 생각하나요?

____

입으로 소리 내어 읽으면서 손으로 직접 써 보세요.

沙	上	樓	閣	모래 위에 세워진 누각
모래 **사**	위 **상**	다락 **누**	집 **각**	

사	상	누	각	:	모	래		위	에
세	워	진		누	각				

오늘의 퀴즈

1. '모래 위에 세워진 누각'이라는 뜻을 가진 사자성어입니다. □ 안에 알맞은 말을 넣어 사자성어를 완성해 보세요.

	상		각

2. 퇴적암의 일종으로 모래알이 모여 뭉쳐져 굳어진 암석을 일러 '사암'이라고 합니다. 우리말의 '모래'를 뜻하는 '모래 사'를 찾아 한자로 적어 보세요.

3. 위아래를 뜻하는 '상하', 날아오른다는 뜻의 '비상' 등에 쓰인 '상'은 모두 '위'를 뜻합니다. 우리말의 '위'라는 뜻을 가진 '위 상'을 찾아 한자로 적어 보세요.

47

사필귀정 : 모든 일은 반드시 바름으로 돌아간다

事必歸正

"그릇된 것처럼 보이는 일도 결국 바르게 돌아간다."

박OO 씨가 오늘 뇌물 혐의와 사기 의혹으로 구속됐습니다.
어머! 저 사람 드디어 구속됐네! 잘됐다!
저 사람이 누군데요?
옛날부터 잘못한 게 엄청 많은 사람이야~ 이제 죄가 다 드러나서 벌받을 일만 남았네!
사필귀정이라잖아~ 잘못을 감췄다고 생각했겠지만 결국엔 다 드러나는 법이지!
맞아~ 역시 정의는 살아 있어!
!
오빠! 아까 오빠 방에 있던 피규어 팔 부러진 거…

사실은 내가 그런 거야. 미안해~
그것 봐! 형! 내가 한 거 아니랬잖아~!
미안해, 혀니야. 난 정말 네가 그런 줄 알았어!
이제라도 진실이 밝혀져서 정말 다행이야!
오빠들 정말 미안해.
괜찮아, 랄라야~ 그 피규어 사실 내 거 아니야~
뚜 거야.
아~ 어디 갔지?
뒤적뒤적

20____년____월____일

事	必	歸	正	모든 일은 반드시 바름으로 돌아간다.
일 사	반드시 필	돌아갈 귀	바를 정	

뜻풀이

사필귀정(事必歸正) : 그릇된 것처럼 보이는 일도 결국 바르게 돌아간다.

위 구절의 뜻을 함께 생각해 볼까요?

사람들이 옳고 착한 일을 하다가도 지칠 때가 있습니다. 바로 불법과 꼼수를 부리면서 살아가는 사람들이 더 잘되는 것 같아 보일 때입니다. 하지만 이것은 일시적인 것입니다. 결국은 올바름과 정의가 승리하게 되어 있습니다. 옳게 행하는데도 힘이 들 때는 '사필귀정'이라는 말을 가슴에 품고 살기 바랍니다. 마음속에서 힘이 솟아나는 것을 느낄 것입니다.

다 같이 생각하고 표현해요.

1. 事必歸正(사필귀정)이 들어간 문장을 적어 보세요.

예시 : 모든 일은 사필귀정이라 했으니 나는 무슨 일이든지 올바르게 행해야겠다.

1.

2.

2. 事必歸正(사필귀정)은 '결국 정의는 승리한다'는 말과도 비슷합니다. 이에 대한 나의 생각을 적어 보세요.

입으로 소리 내어 읽으면서 손으로 직접 써 보세요.

事	必	歸	正	모든 일은 반드시 바름으로 돌아간다.
일 **사**	반드시 **필**	돌아갈 **귀**	바를 **정**	

사	필	귀	정	:	모	든		일	은
반	드	시		바	름	으	로		돌
아	간	다	.						

오늘의 퀴즈

1. '모든 일은 반드시 바름으로 돌아간다'라는 뜻을 가진 사자성어입니다. □ 안에 알맞은 말을 넣어 사자성어를 완성해 보세요.

사	필		

2. '필수', '필요', '필히', '필연'과 같은 낱말에 쓰인 '필'은 '반드시'라는 뜻을 지니고 있습니다. '반드시 필'을 한자로 적어 보세요.

3. '정의', '단정하다' 등에 쓰이는 '정'은 '바르다'라는 뜻을 가지고 있습니다. '바를 정'을 찾아 한자로 적어 보세요.

48

설상가상 : 눈 위에 다시 서리가 내리다

雪 上 加 霜

“좋지 않은 일이 연거푸 일어나다.”

약
같이 앉아도 되나?
예, 어르신~ 앉으세요~
시간이 늦었는데 왜 여기 있는 건가?
아내한테 미안해서 못 들어가고 있어요.
왜 미안해?
오늘이 아내의 생일이었는데 제가 깜빡했거든요.

너무 미안해서 저녁에 급히 아내를 위해 요리를 만들었는데 **설상가상**으로 음식 때문에 아내가 탈이 났어요.
아내한테 알레르기 반응이 있는 재료를 실수로 넣은 거였죠.
툭툭
꺄아~~! 당신 음식에 뭘 넣은 거야?!!!
너무 미안해서 알레르기 약을 사러 나왔어요.
에휴…. 그렇구만. 그 마음 잘 알지.
너무 상심 말게~ 30년 후에도 그럴 수 있다네.
약
알레르기약
절걸절~
이상하다. 영감님 낯이 많이 익네.

20_____년_____월_____일

雪	上	加	霜	눈 위에 다시 서리가 내리다.
눈 설	위 상	더할 가	서리 상	

뜻풀이

설상가상(雪上加霜) : 좋지 않은 일이 연거푸 일어나다.

위 구절의 뜻을 함께 생각해 볼까요?

추운 겨울에 눈이 내렸는데 그 위에 다시 서리가 내리는 모습을 상상해 보세요. 얼마나 춥고 힘들까요? '설상가상'은 좋지 않은 일이 연거푸 일어나는 것을 자연 현상에 빗대어 표현한 사자성어입니다. 이와 비슷한 말로 '엎친 데 덮친 격'이라는 말이 있습니다. 반대되는 표현으로는 '좋은 일에 좋은 일이 더해지다'라는 뜻의 금상첨화(錦上添花)가 있습니다.

다 같이 생각하고 표현해요.

1. 雪上加霜(설상가상)이 들어간 문장을 적어 보세요.

예시 : 축구를 하다가 발을 다쳤는데, 설상가상으로 길을 가다가 넘어졌다.

1. ____________________

2. ____________________

2. 최근에 겪은 일 중에서 雪上加霜(설상가상)이었던 일이 있었나요? 이와 같은 일이 나에게 일어나면 어떻게 대처하면 좋을지 생각해 봅시다.

____

____

입으로 소리 내어 읽으면서 손으로 직접 써 보세요.

雪	上	加	霜	눈 위에 다시 서리가 내리다.
눈 **설**	위 **상**	더할 **가**	서리 **상**	

설	상	가	상	:	눈		위	에	
다	시		서	리	가		내	리	다
.									

오늘의 퀴즈

1. '눈 위에 다시 서리가 내리다'라는 뜻을 가진 사자성어입니다. □ 안에 알맞은 말을 넣어 사자성어를 완성해 보세요.

설	상		

2. 겨울에 갑자기 많이 내리는 눈을 '폭설'이라고 하고, 이때 기상청에서는 '대설주의보'를 내립니다. '폭설', '대설' 등에 쓰인 '설'은 모두 눈을 의미합니다. '눈 설'을 찾아 한자로 적어 보세요.

---

3. 더하거나 빼는 것을 '가감'이라 하고, 더하여 셈하는 것을 '가산'이라 합니다. '가감', '가산' 등에 쓰인 '가'는 '더한다'는 뜻을 지니고 있습니다. '더할 가'를 찾아 한자로 적어 보세요.

49

속수무책 : 손이 묶여 아무런 계책을 세울 수 없다

束 手 無 策

"손이 묶인 것처럼 어쩔 도리 없이 꼼짝 못 하다."

풉~! 너 얼굴이 왜 그래?
……
낮잠 잘 때 뚜가 낙서했어요~
그렇게 낙서할 때까지 잠에서 안 깼단 말이야?
잠은 깼지만 **속수무책**으로 당할 수밖에 없었어요~
왜?

동생들과 아빠가 모두
저를 붙잡고 있어서요~
아빠까지
그랬단 말이야?!!
네~
그리고…
이제 엄마 차례예요!
크아아아앙~
꺄악~~
난 싫어~~~
좀 귀여운 것
같기도 하고.

20____년____월____일

束	手	無	策	손이 묶여 아무런 계책을 세울 수 없다.
묶을 속	손 수	없을 무	계책 책	

뜻풀이 **속수무책**(束手無策) **: 손이 묶인 것처럼 어쩔 도리 없이 꼼짝 못 하다.**

위 구절의 뜻을 함께 생각해 볼까요?

만약 집에 불이 났는데 손이 묶여 있다고 생각해 보세요. 불을 꺼야 하지만 아무것도 할 수 없어 발만 동동 구르는 상황이 벌어질 것입니다. '속수무책'은 이런 상황에서 쓸 수 있는 사자성어입니다. 이와 반대되는 말로 '유비무환(有備無患)'이 있습니다. 유비무환은 '미리 준비하면 걱정이 없다'는 뜻입니다. 여러분은 어떤 일에 속수무책으로 당하지 말고 미리 준비하는 유비무환의 자세로 살아가기 바랍니다.

다 같이 생각하고 표현해요.

1. 束手無策(속수무책)이 들어간 문장을 적어 보세요.

예시 : 길을 걷다가 갑자기 내린 소나기에 속수무책으로 옷이 다 젖었다.

1. ______________________________

2. ______________________________

2. 최근에 束手無策(속수무책)으로 당한 일이 있었나요? 그렇게 당하지 않기 위해서는 어떻게 해야 할까요?

____

____

입으로 소리 내어 읽으면서 손으로 직접 써 보세요.

束	手	無	策	손이 묶여 아무런 계책을 세울 수 없다.
묶을 **속**	손 **수**	없을 **무**	계책 **책**	

속	수	무	책	:	손	이		묶	여
아	무	런		계	책	을		세	울
수		없	다	.					

오늘의 퀴즈

1. '손이 묶여 아무런 계책을 세울 수 없다'라는 뜻을 가진 사자성어입니다. □ 안에 알맞은 말을 넣어 사자성어를 완성해 보세요.

속			책

2. '구속', '단속', '결속' 등에 쓰이는 '속'은 '묶다, 동여매다'라는 뜻을 가지고 있습니다. '묶을 속'을 찾아 한자로 적어 보세요.

3. 손과 발을 아울러 '수족'이라 부르고, 기계를 쓰지 않고 손으로 직접 만든 것을 '수제'라고 합니다. '수족', '수제' 등에 사용된 '손 수'를 찾아 한자로 적어 보세요.

50

송구영신 : 옛것을 보내고 새로운 것을 맞이하다

送舊迎新

"묵은해를 보내고 새해를 맞이하다."

어머니, 아버지~
왜?
이제 며칠 후면 새해잖아요~
응! 그렇지!
12월 마지막 날에 **송구영신** 가족 모임을 하는 게 어때요?
송구영신 가족 모임?
네! 할아버지, 할머니, 큰엄마, 큰아빠 다 같이 모여서 식사도 하고 새해 계획도 나누면 뜻깊은 시간이 될 것 같아요~!
음~ 그래~! 좋은 생각이다!

#. 며칠 후. 12월 마지막 날

자~
큰손주! 용돈 받아라~
감사합니다~
자, 조카들
용돈 받아~
감사합니다~
씨익~
아들아~
너에겐 큰 그림이
있었구나.

20_____년_____월_____일

送	舊	迎	新	옛것을 보내고 새로운 것을 맞이하다.
보낼 송	예 구	맞이할 영	새 신	

뜻풀이

송구영신(送舊迎新) : 묵은해를 보내고 새해를 맞이하다.

위 구절의 뜻을 함께 생각해 볼까요?

이 구절은 주로 한 해가 다 가는 연말이나 한 해가 시작할 때 많이 사용하는 말입니다. 묵은해를 보내고 밝은 새해를 맞이하라는 뜻을 담고 있습니다. 이와 더불어 자주 쓰는 말로 '근하신년(謹賀新年)'이라는 말이 있습니다. 이 말은 '삼가 새해를 축하한다'라는 뜻입니다. 올 연말에는 '송구영신'이나 '근하신년'이라는 말을 넣어 부모님이나 주변 어른들에게 문안 인사를 해 보기 바랍니다.

다 같이 생각하고 표현해요.

1. 送舊迎新(송구영신)이 들어간 문장을 적어 보세요.

예시 : 보신각 타종 행사는 송구영신 행사 중 대표 격이다.

1.

2.

2. 올해를 맞이하면서 새롭게 결심하고 계획한 일이 있었나요? 현재 이를 잘 실천하고 있는지 살펴봅시다.

입으로 소리 내어 읽으면서 손으로 직접 써 보세요.

送	舊	迎	新	옛것을 보내고 새로운 것을 맞이하다.
보낼 **송**	예 **구**	맞이할 **영**	새 **신**	

송	구	영	신	:	옛	것	을		보
내	고		새	로	운		것	을	
맞	이	하	다	.					

오늘의 퀴즈

1. '옛것을 보내고 새로운 것을 맞이하다'라는 뜻을 가진 사자성어입니다. □ 안에 알맞은 말을 넣어 사자성어를 완성해 보세요.

송		영	

2. '송별', '환송' 등에 쓰인 '송'은 모두 '보낸다'라는 의미를 가지고 있습니다. '보낼 송'을 찾아 한자로 적어 보세요.

---

3. '신제품', '신상품', '신입생' 등에 쓰인 '신'은 '새롭다'라는 뜻을 지니고 있습니다. '새로울 신'을 찾아 한자로 적어 보세요.

51

십중팔구 : 열 가운데 여덟이나 아홉
十 中 八 九

"거의 대부분"

#. 가족 퀴즈 시간
우리 집에서 치약 뚜껑을 가장 안 닫아 놓는 사람은? 하나, 둘,
셋!
랄라
랄라
랄라
랄라
헤헤. 앞으로는 잘 닫을게요~
나
다음 질문! 우리 집에서 변기를 가장 많이 막히게 한 사람은? 하나, 둘, 셋!
엄마
엄마
맘
어머니

아니야~ 뚜야! 뚜!
에이~ 변기 막힌 건
십중팔구 엄마 때문이었잖아요~
뚜
맘
엄마
엄마
어머니
후우~ 그래.
조금 억울하지만, 알겠어!
나
다음 질문입니다!
우리 집에서 방귀 냄새가 가장
지독한 사람은? 하나, 둘, 셋!
아빠
아빠
아빠
아버지
남편
캬하하하~
역시 다들 아빠라고 썼군요!
모두 정답입니다~!
뿌아아앙~~~
으아악~
얼마나
지독한지,
한번 확인
해 볼까요?

20____년____월____일

十	中	八	九	열 가운데 여덟이나 아홉
열 십	가운데 중	여덟 팔	아홉 구	

뜻풀이

십중팔구(十中八九) : 거의 대부분

위 구절의 뜻을 함께 생각해 볼까요?

열 중 여덟이나 아홉이면 거의 대부분이라는 말이겠지요. 어떤 일이 일어날 확률이 매우 높은 상황을 일러 '십중팔구'라고 합니다. 예를 들어 주말마다 매번 늦잠을 잔다고 하면 '나는 주말에 십중팔구 늦잠을 잔다'라고 표현할 수 있습니다. 이 책을 공부하고 있는 여러분은 십중팔구 공부를 잘하거나 아주 똑똑한 친구일 것입니다. 아니라고 생각하는 친구 있나요? 걱정 마세요. 이 책이 끝나갈 즈음에 그렇게 변할 것입니다.

다 같이 생각하고 표현해요.

1. 十中八九(십중팔구)가 들어간 문장을 적어 보세요.

예시 : 내 친구는 하는 말의 십중팔구가 거짓말이다.

1. ________________

2. ________________

2. 예시처럼 十中八九(십중팔구)를 이용하여 나를 표현해 봅시다. 그리고 그 이유도 생각해 봅시다.

예시 : 나는 중국집을 가면 십중팔구는 짜장면을 시킨다.

____

입으로 소리 내어 읽으면서 손으로 직접 써 보세요.

十	中	八	九	열 가운데 여덟이나 아홉
열 **십**	가운데 **중**	여덟 **팔**	아홉 **구**	

십	중	팔	구	:	열		가	운	데
여	덟	이	나		아	홉			

오늘의 퀴즈

1. '열 가운데 여덟이나 아홉'이라는 뜻을 가진 사자성어입니다. □ 안에 알맞은 말을 넣어 사자성어를 완성해 보세요.

십	중		

2. '십중팔구', '구사일생' 등에 쓰인 '구'는 '아홉'을 뜻합니다. '아홉 구'를 찾아 한자로 적어 보세요.

3. '중간', '중심', '중학교', '중도' 등에 쓰인 '중'은 '가운데'를 의미합니다. '가운데 중'을 찾아 한자로 적어 보세요.

52

양자택일 : 두 가지 가운데 한 가지를 선택하다
兩 者 擇 一

"선택 가능한 두 가지 중 한 가지를 선택하다."

그래, 좋아! 그럼 이제 각자 선택한 길로 갑시다!
그럽시다!!
CLOSE
앗!!
덜덜덜덜
이럴 수가! 어쩔 수 없군.
쌈밥집
사장님~ 3인분 추가해 주세요~
으음~! 맛있겠다!
그것 봐~ 오늘은 쌈밥 먹자고 했잖아~
쩝쩝~

20____년____월____일

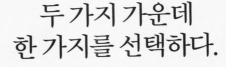

兩	者	擇	一	두 가지 가운데 한 가지를 선택하다.
둘 양	놈 자	고를 택	하나 일	

뜻풀이

양자택일(兩者擇一) : 선택 가능한 두 가지 중 한 가지를 선택하다.

위 구절의 뜻을 함께 생각해 볼까요?

흔히 인생은 선택의 연속이라고 말합니다. 여러분 하루를 생각해 보세요. 잠자리에서부터 '지금 당장 일어날까, 아니면 5분만 더 잘까'를 놓고 고민하며 선택합니다. 밥은 무엇을 먹을지, 옷은 무엇을 입을지도 모두 선택의 연속입니다. 선택할 때 신중하시기 바랍니다. 왜냐하면 좋은 선택들이 모여 좋은 인생을 만들기 때문입니다. 지금 이 순간 사자성어를 공부하기로 한 여러분의 선택은 아주 좋은 선택입니다.

다 같이 생각하고 표현해요.

1. 兩者擇一(양자택일)이 들어간 문장을 적어 보세요.

예시 : 치킨과 피자 중에서 더 먹고 싶은 것을 양자택일하여라.

1. ______________________

2. ______________________

2. 최근에 兩者擇一(양자택일)한 경험이 있었나요? 어떻게 하면 좋은 선택을 할 수 있는지 생각해 보세요.

____

____

입으로 소리 내어 읽으면서 손으로 직접 써 보세요.

兩	者	擇	一	두 가지 가운데 한 가지를 선택하다.
둘 **양**	놈 **자**	고를 **택**	하나 **일**	

양	자	택	일	:	두		가	지	
가	운	데		한		가	지	를	
선	택	하	다	.					

오늘의 퀴즈

1. '두 가지 가운데 한 가지를 선택하다'라는 뜻을 가진 사자성어입니다. □ 안에 알맞은 말을 넣어 사자성어를 완성해 보세요.

양		택	

2. '양쪽', '양측', '양자' 등에 쓰인 '양'은 모두 '둘'이라는 뜻을 가지고 있습니다. '둘 양'을 찾아 한자로 적어 보세요.

3. 여럿 가운데서 골라 뽑는 것을 '선택'이라 하고, 여러 후보 가운데 임금의 배우자를 고르는 것을 '간택'이라 합니다. '선택', '간택' 등에 쓰인 '고를 택'을 찾아 한자로 적어 보세요.

53

온고지신 : 옛것을 익히고 새것을 안다

溫 故 知 新

"옛것을 제대로 익힌 후에 새것을 받아들이다."

맞아~ 옛날부터 비염에 좋다고 알려진 작두콩을 이번에 새롭게 배운 파르페 형식으로 만든 **온고지신** 작두콩 주물럭!
와아~ 저, 정말 맛있겠다!
얘들아~ 같이 먹자! 맛도 좋고 몸에도 좋을 거야~
절레절레…
당신부터 빨리 먹어 봐~
오물오물
와우~! 얘들아~! 진짜 맛있어! 같이 먹자~!
절레절레…
걱정 마~ 애들 건 여기 있어!
으아아아
어머?! 맛도 안 보고 도망가는 거야? 칫! 이게 얼마나 맛있고 몸에 좋은…
쩝쩝!
우욱.
여보, 난 삼켰다…

20____년____월____일

溫	故	知	新	옛것을 익히고 새것을 안다.
익힐 온	옛 고	알 지	새 신	

뜻풀이

온고지신(溫故知新) : 옛것을 제대로 익힌 후에 새것을 받아들이다.

위 구절의 뜻을 함께 생각해 볼까요?

과거의 것을 제대로 알고 익혀야 새로운 것을 제대로 받아들이고 배울 수 있습니다. 『논어』에서 공자는 '옛것을 익히고 새로운 것을 안다면 스승이 될 수 있다'라고 말했습니다. 옛것은 무시하면서 새것은 세련되고 좋은 것이라고 생각하는 사람들이 있습니다. 이런 사람들이 꼭 배워야 할 사자성어가 바로 '온고지신'입니다. 여러분이 배우는 사자성어도 옛것을 먼저 배우고 익히는 '온고지신'이 아닐까 싶습니다.

다 같이 생각하고 표현해요.

1. 溫故知新(온고지신)이 들어간 문장을 적어 보세요.

예시 : 판소리를 배우면서 온고지신의 중요성을 알게 되었다.

1. ______________________

2. ______________________

2. 공부를 할 때 이전에 배운 것을 잘 모르면 새로운 내용을 배우기가 더 어렵습니다. 공부할 때 溫故知新(온고지신)을 적용한 적이 있나요?

____

____

입으로 소리 내어 읽으면서 손으로 직접 써 보세요.

溫	故	知	新	옛것을 익히고 새것을 안다.
익힐 **온**	옛 **고**	알 **지**	새 **신**	

온	고	지	신	:	옛	것	을		익
히	고		새	것	을		안	다	.

오늘의 퀴즈

1. '옛것을 익히고 새것을 안다'라는 뜻을 가진 사자성어입니다. □ 안에 알맞은 말을 넣어 사자성어를 완성해 보세요.

	고		신

2. 과거의 옛날 사람을 '고인(古人)'이라 하고, 죽은 사람을 높여 부를 때 '고인(故人)'이라 부릅니다. '우리 할머니는 이번에 병환으로 고인이 되셨다'라는 문장에서 '고인'을 한자로 적어 보세요.

____

3. 새로 나온 책을 '신간', 새로 나온 상품을 '신상품'이라 부릅니다. '신간', '신상품' 등에 쓰이는 '신'은 '새롭다'라는 뜻입니다. '새 신'을 찾아 한자로 적어 보세요.

____

54

우왕좌왕 : 오른쪽으로 갔다 왼쪽으로 갔다 하다
右往左往

"이리저리 왔다 갔다 하며 갈피를 잡지 못하다."

이 미로같은 숲속에 갇힌 지도 벌써 삼일 째야.
흑… 엄마, 아빠 보고 싶어.
엄마, 아빠도 잃어버리고.
얘들아~ **우왕좌왕**하지 말고 날 따라와! 아빠가 가셨던 길이 생각났어!
와아~! 역시 우리 큰오빠야!!

어?
아빠다!
아빠~~~
얘들아!
이제 우린
어디로 가야 돼요?
글쎄?
아빠도 모르겠어.
엄마도 잃어버리고,
길도 못 찾겠어.
엄마~
여보~
어?
엄마다!!
이제 살았…
여보~~~

20____년____월____일

右	往	左	往	오른쪽으로 갔다 왼쪽으로 갔다 하다.
오른 우	갈 왕	왼 좌	갈 왕	

뜻풀이 **우왕좌왕**(右往左往) **: 이리저리 왔다 갔다 하며 갈피를 잡지 못하다.**

위 구절의 뜻을 함께 생각해 볼까요?

오른쪽, 왼쪽 이리저리 왔다 갔다 하며 갈피를 못 잡고 방황하는 상태를 이르는 사자성어입니다. 자신의 입장을 분명하게 정하지 못하고 이랬다저랬다 하는 경우에도 이 말을 사용합니다. 비슷한 표현으로 '우유부단(優柔不斷)'이라는 말이 있는데, 어물어물하며 결단을 내리지 못한다는 말입니다. 여러분 중에 결정을 잘 내리지 못하고 우왕좌왕하는 친구가 있나요? 자신감을 가지기 바랍니다. 내가 선택하는 것이 가장 잘한 선택이라는 믿음이 중요합니다.

다 같이 생각하고 표현해요.

1. 右往左往(우왕좌왕)이 들어간 문장을 적어 보세요.

예시 : 선생님이 줄을 서라고 했는데 아이들은 우왕좌왕 난리가 났다.

1.

2.

2. 최근에 겪은 일 중에서 右往左往(우왕좌왕)했던 일이 있었나요? 그렇게 행동하지 않으려면 어떻게 해야 할까요?

입으로 소리 내어 읽으면서 손으로 직접 써 보세요.

右	往	左	往	오른쪽으로 갔다 왼쪽으로 갔다 하다.
오른 **우**	갈 **왕**	왼 **좌**	갈 **왕**	

우	왕	좌	왕	:	오	른	쪽	으	로
갔	다		왼	쪽	으	로		갔	다
	하	다	.						

오늘의 퀴즈

1. '오른쪽으로 갔다 왼쪽으로 갔다 하다'라는 뜻을 가진 사자성어입니다. □ 안에 알맞은 말을 넣어 사자성어를 완성해 보세요.

우		좌	

2. '왕복', '왕래' 등에 쓰인 '왕'은 '간다'라는 뜻을 가지고 있습니다. '갈 왕'을 찾아 한자로 적어 보세요.

3. '우향우'는 오른쪽으로 몸을 90도 돌리라는 말이고, '좌향좌'는 왼쪽으로 몸을 90도 돌리라는 말입니다. 우리말의 '왼쪽'과 '오른쪽'을 가리키는 '좌우'를 한자로 적어 보세요.

55

호사다마 : 좋은 일에는 방해가 많이 따른다
好 事 多 魔

"좋은 일이 실현되기 위해서는 많은 어려움이 있다."

카카카칵
카카카칵
어? 차가 왜 이러지? 아, 방전됐네!
가게 문 닫기 전에 가야 하는데.
급하니까 택시 타고 가자!
네!
TAXI
앗!
피이이이~
못 가겠는데요?
아….
걱정 마~ **호사다마**라고, 원래 좋은 일엔 방해가 많은 법이야~
헉헉…
금일 장사 마감 ! 주인장의 개인 사정으로 일찍 문을 닫습니다.
토닥토닥

好	事	多	魔	좋은 일에는 방해가 많이 따른다.
좋을 호	일 사	많을 다	마귀 마	

뜻풀이

호사다마(好事多魔) : 좋은 일이 실현되기 위해서는 많은 어려움이 있다.

위 구절의 뜻을 함께 생각해 볼까요?

'호사다마'는 직역하면 '좋은 일에는 마가 끼기 쉽다'라는 말로, 좋은 일에는 많은 방해와 어려움이 따른다는 뜻입니다. 좋은 일이 순조롭게 되기가 쉽지 않다는 의미이기도 하고, 좋은 일이 있을 거라고 너무 들뜨거나 무턱대고 좋아하는 것을 경계하는 말이기도 합니다. 앞으로 살아가면서 좋은 일을 앞두고 안 좋은 일이 생기거든, 너무 불길하게 생각하거나 낙심하지 말고 '호사다마'라는 말을 생각하며 잘 이겨내기 바랍니다.

다 같이 생각하고 표현해요.

1. 好事多魔(호사다마)가 들어간 문장을 적어 보세요.

예시 : 결혼을 앞둔 이모가 지갑을 잃어버려서 호사다마라고 말하며 위로해드렸다.

1.

2.

2. 好事多魔(호사다마)를 경험한 적이 있나요? 좋은 일을 앞두고 안 좋은 일이 생겼을 때 어떻게 하면 잘 이겨낼 수 있을까요?

입으로 소리 내어 읽으면서 손으로 직접 써 보세요.

好	事	多	魔	좋은 일에는 방해가 많이 따른다.
좋을 **호**	일 **사**	많을 **다**	마귀 **마**	

호	사	다	마	:	좋	은		일	에
는		방	해	가		많	이		따
른	다	.							

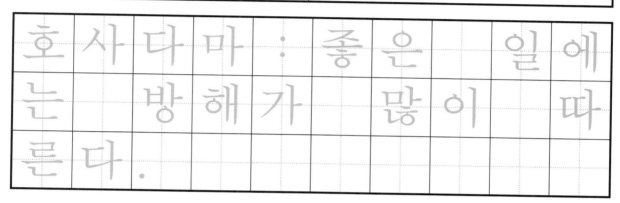

오늘의 퀴즈

1. '좋은 일에는 방해가 많이 따른다'라는 뜻을 가진 사자성어입니다. □ 안에 알맞은 말을 넣어 사자성어를 완성해 보세요.

호			마

2. '호재', '호상' 등에 쓰인 '호'는 '좋다'라는 뜻을 지니고 있습니다. '좋을 호'를 한자로 적어 보세요.

3. '다수', '다량', '다정' 등에 쓰인 '다'는 '많다'라는 뜻을 가지고 있습니다. '많을 다'를 찾아 한자로 적어 보세요.

5장

쉬어가는 마당

사자성어 초성 퀴즈

초성에 어울리는 사자성어를 써 보세요.

초성	의미
① ㄷ ㅁ ㅅ 답	동쪽을 물으니 서쪽을 답한다.
② ㅎ ㅅ 수 ㅅ	가로로 말하다가 세로로 말한다.
③ ㅇ 지 ㅅ ㅈ	처지를 바꾸어 생각한다.
④ ㅇ 유 ㅅ ㅈ	같은 무리끼리 서로 따르고 좇음.
⑤ ㅂ ㅇ ㅁ 덕	은혜를 배신하고 은덕을 잊음.

초성	의미
⑥ 동 ㅂ ㅅ ㅈ	동쪽으로 달리고 서쪽으로 달린다.
⑦ ㄱ ㅈ 감 ㄹ	쓴 것이 다하면 단 것이 온다.
⑧ ㅁ ㅇ ㅈ 물	쓸모없는 물건
⑨ 비 ㅇ ㅂ ㅈ	하나도 아니요, 둘도 아니다.
⑩ 온 ㄱ ㅈ ㅅ	옛것을 익히고 새것을 안다.

사자성어로 사행시 짓기

사자성어의 뜻을 음미하며 자유롭게 사행시를 지어 보세요.

1. 과유불급(過猶不及) : 지나침은 오히려 미치지 못함과 같다.

과 :

유 :

불 :

급 :

2. 금시초문(今始初聞) : 이제야 비로소 처음 듣는다.

금 :

시 :

초 :

문 :

3. 대기만성(大器晩成) : 큰 그릇은 늦게 만들어진다.

대 :

기 :

만 :

성 :

4. 무용지물(無用之物) : 쓸모없는 물건

무 :

용 :

지 :

물 :

사자성어 낱말 퍼즐

가로 열쇠와 세로 열쇠를 잘 읽고 알맞은 사자성어를 넣어 퍼즐판을 완성해 보세요.

<가로 열쇠>

① 달콤한 말과 이로운 말

② 눈 위에 다시 서리가 내리다.

<세로 열쇠>

㉠ 말 속에 뼈가 있다.

㉡ 위도 없고 아래도 없다.

㉢ 모래 위에 세워진 누각

①	㉠ 언		설		
			㉡ 막		㉢ 사
	골	② 설		가	
			막		
					각

입으로 이름 쓰기

속수무책(束手無策)은 손이 묶여 아무런 계책도 세우지 못하고 꼼짝도 못하는 상태를 뜻합니다. 만약 여러분의 손이 묶여 손을 쓸 수 없는 '속수무책'의 상태라면 글씨를 어떻게 쓸 수 있을까요? 연필을 입에 물고 내 이름과 가족의 이름을 써 보세요.

내 이름	
엄마 이름	
아빠 이름	

형제 이름	
할아버지나 할머니 이름	

NO! 作心三日(작심삼일)

작심삼일(作心三日)은 사람이 어떤 마음을 굳게 먹어도 삼 일을 넘기기 어렵다는 뜻의 사자성어입니다. 사람은 누구나 작심삼일을 많이 경험합니다.
하지만 삼 일만에 끝났다고 완전히 끝난 것은 아닙니다. 다시 시작하면 되니까요!
다시 시작해 보고 싶은 일이 있다면 오늘부터 해 보면 어떨까요?

작심삼일로 끝났던 일	
작심삼일로 끝난 이유	
오늘부터 다시 시작해 보고 싶은 일	

작심삼일로 끝나지 않기 위해 경계해야 할 일	
작심삼일을 잘 넘긴 나에게 해 주고 싶은 말이나 듣고 싶은 말	

말과 관련된 속담 알기

* 어불성설(語不成說) : 말이 말도 안 된다.
* 언중유골(言中有骨) : 말 속에 뼈가 있다.
* 유구무언(有口無言) : 입이 있으나 할 말이 없다.

이 사자성어들은 모두 '말'과 관련된 구절입니다. 우리 속담에도 '말'에 관한 속담이 많습니다. 다음 속담들의 뜻을 찾아 적어 보세요. 그리고 자기가 알고 있는 '말'에 대한 속담을 적은 후, 뜻도 써 보세요.

속담	뜻
가는 말이 고와야 오는 말이 곱다.	
낮말은 새가 듣고, 밤말은 쥐가 듣는다.	
말 한마디에 천 냥 빚도 갚는다.	
말 많은 집은 장맛도 쓰다.	

속담	뜻
입은 비뚤어져도 말은 바로 해라.	

마인드맵 그리기

이 책에서 가장 재미있었던 사자성어를 한 개 쓰고,
이 사자성어를 보며 떠오르는 단어를 자유롭게 써 보세요.

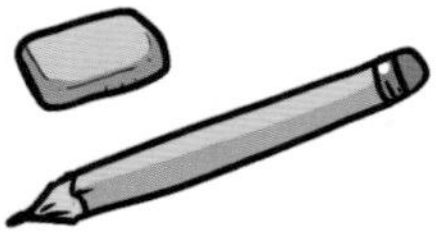

박장대소하는 내 얼굴 그리기

박장대소(拍掌大笑)는 손뼉을 치면서 눈물이 날 만큼 크게 웃는 모습을 이르는 말입니다.
박장대소할 때 나의 얼굴을 그려 보고 예쁘게 색칠도 해 보세요.

내가 주는 상장

눈을 비비고 쳐다봐야 할 만큼 나아진 상태를 일러 괄목상대(刮目相對)라고 합니다. 주변에 괄목상대할 만큼 발전이 된 사람을 꼽아 보고 그 사람에게 줄 상장을 만들어 보세요.

표 창 장

받는 사람 : ____________________

위 사람은 아래와 같은 부분에서 괄목상대할 만한 발전을 이루었기에 상장을 드립니다.

첫째, ...

....

둘째, ...

....

셋째, ...

....

년　　　월　　　일

상장 주는 사람 : ____________________ (내 이름)

친구 별명 지어 주기

어렸을 때부터 친하게 지낸 친구를 일러 죽마고우(竹馬故友)라고 합니다. 죽마고우 같은 친한 친구 두 명의 별명을 지어 보세요. 되도록 멋진 별명이면 좋겠네요.

• 친구 : ……………… • 별명 짓기 : ………………

• 이 별명을 지은 이유를 쓰세요.

• 친구 : ……………… • 별명 짓기 : ………………

• 이 별명을 지은 이유를 쓰세요.

떠오르는 장면 그리기

다음 사자성어의 뜻을 생각해 보며 머릿속에 떠오르는 장면을 자유롭게 그려 보세요.

• 떠오르는 장면을 그림으로 그리세요.	• 그린 장면을 설명해 보세요.
	사자성어 : 주경야독(晝耕夜讀) 설명 :
	사자성어 : 학수고대(鶴首苦待) 설명 :

• 떠오르는 장면을 그림으로 그리세요.	• 그린 장면을 설명해 보세요.
	사자성어 : 설상가상(雪上加霜) 설명 :
	사자성어 : 양자택일(兩者擇一) 설명 :

기억에 남는 사자성어를 만화로 그리기

기억에 남는 사자성어 두 개를 4컷 만화로 그려 보세요.
말 주머니도 넣어서 그리면 더 좋습니다.

• 사자성어 1 :

• **사자성어 2 :**

기억에 남는 사자성어로 짧은 글 짓기

기억에 남는 사자성어 네 가지를 뽑아 보세요.
그리고 이를 이용하여 짧은 글을 지어 보세요.

- 기억에 남는 사자성어 1 :

뜻 :

짧은 글 짓기 :

- 기억에 남는 사자성어 2 :

뜻 :

짧은 글 짓기 :

- 기억에 남는 사자성어 3 :

뜻 :

짧은 글 짓기 :

- 기억에 남는 사자성어 4 :

뜻 :

짧은 글 짓기 :

기념우표 만들기

송구영신(送舊迎新)은 옛것을 보내고 새로운 것을 맞이한다는 의미로, 연말이나 새해에 사람들에게 연하장을 보낼 때 많이 쓰이는 사자성어입니다. 연하장에 붙일 기념우표를 만들어 보세요. 가급적이면 지난해에 있었던 일 중에서 기억에 남는 장면을 그려 봅시다.

부모님께 편지 쓰기

결초보은(結草報恩)은 풀을 묶어서 은혜를 갚는다는 의미로, 우리가 결초보은해야 할 은혜가 있다면 부모님의 은혜일 것입니다. 부모님께 감사의 편지를 써서 부모님 앞에서 읽어 보세요. 부모님의 입가에 미소가 피어오르는 것을 발견할 수 있을 것입니다.

받을 사람

첫 인사말

하고 싶은 말

끝 인사말

쓴 날짜

쓴 사람

사자성어 넣어 일기 쓰기

아래 일기처럼 사자성어를 넣어 오늘의 일기를 써 보세요.
사자성어를 최소 한 개나 두 개를 넣어 써 보세요.

오늘은 날씨가 너무 더웠다.
"오늘 **이열치열**로 뜨거운 삼계탕이나 먹으러 나갈까?"
"좋아요. 아빠 마음과 제 마음이 통했나 봐요. 역시 우리 부녀는 **이심전심**이라니까!"
하지만 이때 엄마가 "날씨도 더운데 무슨 삼계탕이니? 집에서 김치랑 밥이나 먹자." 하고 말씀하셨다. 이런 일이 우리 집에서는 **비일비재**하게 일어나는 일이라 크게 놀라울 것도 없다.
-이후 생략-

20 년 월 일 날씨 :

사자성어 초성 퀴즈 정답 (244쪽)
1. 동문서답
2. 횡설수설
3. 역지사지
4. 유유상종
5. 배은망덕
6. 동분서주
7. 고진감래
8. 무용지물
9. 비일비재
10. 온고지신

사자성어 낱말 퍼즐 정답 (248쪽)
<가로 열쇠> ① 감언이설 ② 설상가상
<세로 열쇠> ㉠ 언중유골 ㉡ 막상막하 ㉢ 사상누각

특별부록 1

부모님을 위한
사자성어 가이드

사자성어를
어떻게
가르쳐야 할까?

인류의 역사에서 가장 위대한 국가로 일컬어지는 로마는 왜 멸망했을까요? 해외 점령지의 팽창, 노예의 증가, 빈부 격차의 확대 등 학자별로 다양한 원인을 꼽습니다. 하지만 학자들마다 공통적으로 꼽는 것은 지배층의 도덕성 타락입니다. 무능과 탐욕, 부정부패, 나태함, 도를 넘는 쾌락 추구 같은 지도층의 도덕적 타락은 가장 강대한 국가였던 로마를 역사의 뒤안길로 사라지게 만들었습니다. 한 국가의 흥망성쇠에 가장 밀접하게 관련하는 것은 그 나라의 도덕성입니다. 도덕성이 높을 때는 흥왕하지만, 도덕성이 낮을 때는 제아무리 강력한 제국이라 하더라도 쇠락의 나락으로 떨어집니다.

오늘날 우리나라는 어떨까요? 국제투명성기구에서는 전 세계 나라들의 부패 정도를 조사하여 매년 부패인식지수CPI, Corruption Perceptions Index를 발표합니다. 2021년 대한민국의 부패인식지수는 100점 만점에 62점, 180개국 중 32위를 기록했습니다. 그나마 많이 향상된 것입니다. 2017년에는 50위권 밖이었습니다. 우리나라의 개인당 국민소득이 20위권이고 경제 규모가 10위권임을 감안하면 현재 부패인식지수는 부끄러운 수준임을 알 수 있습니다. 덴마크, 뉴질랜드, 핀란드 같은 나라들이 높은 순위를 점하고 있지요. 이들 나라는 누구나 부러워하는 복지국가로 진정한 선진국들입니다.

우리나라가 진정한 선진국으로 거듭나려면 무엇보다 국가 전체의 도덕성을 올려야 합니다. 국가의 도덕성이란 결국 개인의 도덕성이 모여서 만들어지는 것입니다. 각 개인의 도덕성을 높이지 않고서는 국가의 도덕성도 절대 높일 수 없습니다. 안타깝게도 도덕성이라는 것은 하루아침에 쉽게 올라가지 않습니다. 아주 서서히 올라갑니다. 또한 타락을 경험한 세대의 도덕성을 끌어올리기는 더욱 어렵습니다. 소망은 자라나는 세대에게 걸어야 합니다. 어린아이들이 제대로 된 도덕성 교육을 받고 바른 가치관을 정립할 수 있다면 대한민국은 분명코 세계 어느 나라도 넘볼 수 없는 선진국이 될 것입니다.

그렇다면 어떻게 해야 자라나는 어린 세대에게 높은 수준의 도덕성을 갖춰 줄 수 있을까요? 가정은 교육 기능을 잃어 가고, 학교는 경쟁의 각축장이 되어 가고 있습니다. 이런 현실과 마주하여 아이들은 어디에서 수준 높은 도덕성을 배우고 함양할 수 있을까요? 조심스럽지만, 우리 고전에서 그 방법을 찾을 수 있다고 생각합니다.

『사자소학』, 『명심보감』, 『동몽선습』, 『소학』 같은 우리 고전을 읽으면 아이들에게 정말 큰 도움이 됩니다. 좋은 습관과 가치관 형성에 도움이 되고 도덕성을 높여 주며 삶의 지혜와 통찰력도 배울 수 있습니다. 하지만 안타깝게도 이런 책들은 모두 한자로 되어 있습니다. 한자를 모르면 이런 책들을 읽고 배우는 데 한계가 있습니다. 이런 책들을 읽기 위해서는 기본적이고 핵심적인 한자들을 알아야 합니다.

한자를 처음 접하게 하는 가장 좋은 방법으로 추천하고 싶은 것이 바로 사자성어입니다. 사자성어(四子成語)는 일상의 여러 상황이나 삶의 지혜가 될 만한 것들을 사자일구(四子一句) 형식으로 압축해 놓은 것입니다. 사자성어는 비교적 쉬운 한자로 구성되어 있고 일상생활에서 많이 쓰이고 있기 때문에 조금만 관심을 가져도 쉽게 습득할 수 있습니다. 또한 사자성어는 조상들의 지혜와 통찰력이 묻어 있는 것들이 많기 때문에 배우는 과정에서 삶의 지혜가 생기고, 삶의 좋은 가치관을 가지게 됩니다.

사자성어를 통해 한자가 눈에 익고 쉬운 한자를 알아 가는 즐거움이 생긴 후에, 『사자소학』, 『명심보감』, 『동몽선습』, 『소학』 같은 고전들을 읽는 데 큰 도움이 될 수 있습니다. 사자성어를 통해 배운 한자는 아이의 어휘력과 학습력 상승에도 영향을 줍니다. 혹시 자녀에게 한자를 가르치고 싶어 하는 부모가 있다면 한자 입문서로 『초등 사자성어』를 추천하고 싶습니다. 하루에 한 구절씩 배워 가다 보면 아이의 한자 실력이 상승하고 지혜가 자라는 것을 발견할 수 있을 것입니다.

초등학생에게 사자성어가 왜 중요할까?

사자성어란?

'過而不改(과이불개)'

'잘못을 하고도 고치지 않는다'라는 뜻의 이 사자성어는 '2022년 올해의 사자성어'로 꼽혔습니다. '올해의 사자성어'는 2001년부터 연말 기획으로 교수신문에서 공표합니다. 이태원 참사와 같은 대형 사고가 발생했음에도 서로의 탓으로 미루는 무책임한 현실을 꼬집은 적절한 사자성어라는 생각이 듭니다. 이는 사자성어의 힘을 잘 보여 주는 예입니다.

사자성어(四子成語)는 '개과천선(改過遷善)', '어부지리(漁父之利)'처럼 '네 개의 한자로 이루어져 관용적으로 쓰이는 글귀'를 이르는 말입니다. 사자성어는 복잡하게만 보이는 상황을 압축적으로 설명해 주는 힘이 있습니다. 긴 글이나 말로 표현하면 너저분해질 수 있는 상황을 네 글자로 압축해서 효과적으로 전달할 수 있게 해 줍니다. 머리에 팍 꽂히는 표현으로 바꿔 주기 때문에, 기억에 오래 남는다는 장점도 있습니다.

사자성어는 '문해력'의 필수 요소입니다. 문해력은 글을 읽고 이해하는 것뿐만 아니라, 쓸 수 있는 것까지를 총망라해서 일러 사용하는 말입니다. 글을 읽고 이해하는 가장 기본은 어휘력입니다. 어휘력이 낮은 사람은 절대 문해력이 높을 수 없습니다. 사자성어는 어휘력 중에서도 고급 어휘력에 속합니다. 고급 어휘를 많이 알고 있다는 것은 어휘력이 높을 뿐만 아니라 수준 높은 글쓰기도 할 수 있다는 말입니다. 장황한 말이나 글로 표현하기보다는, 그 상황을 한 번에 정리할 수 있는 촌철살인(寸鐵殺人)이 필요할 때 사자성어는 좋은 도구가 되곤 합니다.

사자성어가 초등학생들에게 중요한 이유

도덕 지능이 높아진다

사자성어를 통해 한자를 자연스럽게 습득할 수 있습니다. 최근 온라인에서 '마음속 깊이 절절하게'라는 뜻의 '심심(甚深)한 사과'라는 표현을 두고 '지루한 사과'라는 뜻으로 오해한 네티즌들의 댓글이 화제가 된 적이 있습니다. 이는 한자를 몰랐을 때 흔히 벌어지는 일입니다. 우리말에 한자어가 많다는 것은 누구나 아는 상식입니다. 『표준국어대사전』에 등록된 명사 중 80퍼센트가 한자어라는 통계가 있습니다. 또한 교과서에 등장하는 학습 어휘는 80퍼센트 이상이 한자어이기도 합니다. 한자를 모르고는 어휘력을 높이는 데 한계가 있을 수밖에 없고, 공부도 잘할 수 없습니다.

수업 시간에 집중을 하지 못하며 딴청을 피우고 다른 친구들의 수업을 방해하는 아이들이 있습니다. 이런 아이들이 수업에 집중하지 못하는 이유는 무엇일까요? 크게 두 가지 유형으로 나뉩니다. 한 부류는 ADHD(Attention Deficit Hyperactivity Disorder)라고 부르는 주의력 결핍 과잉 행동 장애입니다. 아동기에 많이 나타나는 장애로, 주의력이 부족하여 산만하고 과다 활동, 충동성을 보이는 상태를 말합니다. 아이들 중 5퍼센트 정도가 ADHD에 해당하는 것으로 알려져 있습니다. 이러한 증상들을 치료하지 않고 방치할 경우, 아동기 내내 여러 방면에서 어려움이 지속되고 일부의 경우 청소년기와 성인기가 되어서도 이러한 증상이 남게 됩니다. 하지만 ADHD는 약물 치료 등으로 치료 효과가 잘 나타납니다.

수업 시간에 집중하지 못하는 또 한 부류가 있는데 바로 어휘력 결핍인 아이들입니다. 필자는 이 아이들을 VDHD(Vocabulary Deficit Hyperactivity Disorder), 즉 '어휘력 결핍 과잉 행동 장애'라고 부르고 싶습니다. 어휘력이 부족하다 보니 수업 시간에 교사의 말을 못 알아듣고 교과서를 읽어도 무슨 말인지 모릅니다. 그러니 주의력이 생길 리 없고 산만하기 이를 데 없습니다. 뿐만 아니라 어휘력 부족 때문에 친구들과의 관계에서도 자신의 감정이나 생각을 말로 잘 표현하는 데 서툽니다. 이로 인한 관계의 어려움을 겪으며, 말로 해도 되는 상황에서 화를 내거나 과잉 행동을 하기도 합니다. 만약 VDHD를 방치하게 되면 학습력이나 관계에서 심각한 문제가 발생할 수 있고 평생 어휘력 빈곤자로 살아갈 수 있습니다.

아이가 VDHD에 빠지지 않게 하기 위해서는 어휘력을 높여 줘야 합니다. 어떻게 하면 아이의 어휘력을 높여 줄 수 있을까요? 가장 확실하고 분명한 방법이 두 가지가 있습니다. 하나는 책읽기입니다. 책을 읽으면 책 속에 있는 수천 개 혹은 수만 개의 어휘들을 접하게 됩니다. 이 과정을 통해 어휘력이 자극되어 몰랐던 어휘들을 알게 되고, 알던 어휘들도 좀 더 깊이 이해하게 됩니다. 어휘력을 높여 주는 또 한 가지 방법은 한자를 습득하는 것입니다. 우리말에 한자어가 많다는 것은 상식입니다. 한자를 알면 우리말의 어휘력 습득에 많은 도움을 받을 수 있습니다. 특히 한자는 하나하나 알 때마다 그 한자와 연결된 많은 어휘를 이해하고 습득할 수 있게 도와 줍니다. 우리말을 잘 이해하고 어휘력을 높이기 위해서는 한자는 선택이 아니라 필수라 할 수 있습니다.

국어 활용 능력을 높여 준다

사자성어는 아이들의 국어 활용 능력을 크게 향상시켜 줍니다. 초등 국어 교육과정에서 국어 활용 능력으로 비중 있게 배우는 것은 속담과 사자성어입니다. 상황에 맞게 속담이나 사자성어를 사용하면, 전달력을 높여 줌으로서 상대가 한층 이해하기 쉽게 만들 수 있습니다. 또한 속담과 사자성어는 서로 연결되어 있는 경우가 많습니다. 예를 들어 '언 발에 오줌 누기'와 같은 속담은 사자성어로는 '임시방편(臨時方便)'으로 바꿔 쓸 수 있습니다. '도랑 치고 가재 잡고', '꿩 먹고 알 먹고'와 같은 속담은 '일석이조(一石二鳥)'나 '일거양득(一擧兩得)'과 같은 사자성어로도 쓸 수 있습니다. 이처럼 속담과 사자성어는 서로 유기적으로 연결되어 있어 같이 공부하는 것이 좋습니다.

사자성어는 고급스러운 표현 능력 향상에 큰 도움이 됩니다. 특히 말하기, 글쓰기와 같은 표현 부문에서 사자성어를 자유자재로 구사할 수 있게 되면 말격과 글격이 매우 고급스러워집니다. 가장 적확한 사자성어 한 구절은 지루하고 단조로운 말이나 글보다 훨씬 격조 있고 전달력을 높일 수 있는 방편이 됩니다.

좋은 교훈과 지혜 그리고 가치관을 심어 준다

사자성어는 아이들에게 좋은 교훈과 지혜 그리고 가치관을 심어 줄 수 있습니다. 사자성어는 오래 세월 우리 조상들의 지혜가 담겨 있어 배우는 사람에게 좋은 교훈을 줄 수 있고 때로는 따끔한 충고자의 역할을 해 주기도 합니다. 초등 시기는 인생의 가치관을 형성해 가는 시기입니다. 이 시기에 좋은 가치관 형성을 도울 수 있는 사자성어는 단순한 어휘 공부가 아닌 인생의 공부가 될 수 있습니다. 또한 사자성어는 어린아이들에게 앞으로 인생을 어떻게 살아가야 할 것인가에 대한 삶의 지혜를 전수해 주기도 합니다. 지금 이 시대는 가치관의 부재 시대입니다. 가치관을 정립하지 못한 사람은 남의 말이나 사회 조류에 휩쓸려 살아가기 마련입니다. 망망대해와 같은 인생의 항로에 나서는 아이들에게 사자성어는 든든한 나침반이 되어 줄 것입니다.

사자성어,
어떻게 접근해야 할까?

사자성어 2개월 완성 프로젝트

이 책은 수많은 사자성어 구절 중에서 초등학생들에게 가장 필요하고 적합하다고 생각되는 55구절로 구성되어 있습니다. 초등학생들에게는 결코 적지 않은 분량입니다. 하루에 한 구절씩 한다면 꼬박 두 달이 걸리는 분량입니다. 다음과 같은 몇 가지에 유의하면서 이 책을 활용하면 큰 도움이 될 것입니다.

사자성어의 중요성에 대해 아이에게 말해 주세요

이 책을 본격적으로 시작하기 전에 사자성어가 왜 중요한지에 대해 아이가 알고 시작하면 학습 효과가 더욱 크게 나타납니다. 아이의 동의도 없이 다짜고짜 부모의 강압에 의해 시작하면 학습 효과는커녕 자녀와 관계만 틀어지기 마련입니다. 사자성어를 알면 좋은 점을 아이 눈높이에 맞게 설명해 주면 좋습니다. 고급스러운 표현력 향상과 한자 습득에 매우 효과적이라는 사실을 아이가 알 수 있게 설명해 주세요.

만화 반복 읽기도 얼마든지 좋습니다

이 책은 아이들이 사자성어를 지루하지 않게 접하도록, 웹툰 작가로 이름이 있는 인호빵 작가님이 삽화를 그려 주었습니다. 만화를 읽다 보면 자연스럽게 사자성어의 뜻을 깨치게 되고 재미까지 있으니 일석이조가 아닐 수 없습니다. 대부분의 아이들이 이 책을 접하면 만화를 처음부터 끝까지 읽으려고 할 것입니다. 이럴 때 아이를 제지하지 않아도 됩니다. 얼마든지 허용해 주세요. 만화는 스토리이기 때문에 사자성어를 기억하는 데 매우 도움이 됩니다. 스토리를 통해 기억되는 지식은 오래가기 마련입니다.

하루에 한 구절씩만!

책의 종류에 따라 읽는 목적이 달라지고 책을 읽는 방법도 달라지기 마련입니다. 사자성어는 구절을 보면서 그 뜻을 묵상하고 생각하고 깨달음을 얻어 궁극적으로 인생의 지혜를 얻기 위해 읽는 것입니다. 이런 책을 욕심 부려 며칠 만에 해치우듯이 읽는다면 정말 책을 읽은 것이라 할 수 있을까요? 하루에 한 구절이면 충분합니다. 아마도 한 구절을 읽고 쓰고 적용하는 데 걸리는 시간으로, 20분 정도면 충분할 것입니다. 아이의 하루 일정에서 20분만 빼서 사자성어 읽는 시간을 마련해 주시면 됩니다.

매일 한 번씩 음독(音讀)합니다

사자성어는 일단 입에 붙어야 일상생활에서 적재적소에 사용할 수 있습니다. 그러기 위해서는 목차를 보고 55구절을 한 번씩 소리 내어 읽어 보는 것이 좋습니다. '감언이설', '금시초문', '단도직입'……. 이렇게 55구절을 한 번 소리 내어 읽는 데 불과 2분의 시간도 걸리지 않습니다. 이렇게 두 달 정도 반복하다 보면 자신도 모르게 사자성어가 입에서 튀어나오게 됩니다.

'쉬어가는 마당'을 잘 활용하세요

이 책의 뒷부분에 나오는 '쉬어가는 마당'을 잘 활용하면 사자성어를 좀 더 재미있게 공부할 수 있습니다. 쉬어가는 마당에는 낱말 퀴즈, 초성 퀴즈, 사행시 짓기, 마인드맵 그리기 등 사자성어를 가지고 할 수 있는 다양하고 재미있는 활동들이 소개되어 있습니다. 뒷부분에 나오다 보니 나중에 몰아서 하면 '쉬어가는 마당'이 아니라 '몰아가는 마당'이 되기 쉽습니다. 교재를 공부하는 중간중간 하고 싶은 활동을 선택해서 한두 개씩 해 나가면 좋습니다.

아이가 받을 적절한 보상을 제시합니다

두 달에 걸쳐 이 책을 마치기까지 아이에게 적절한 보상을 제시해 주는 편이 좋습니다. 그래야 중간에 포기하지 않고 끝까지 책장을 넘길 수 있는 힘이 생깁니다. 사실 초등학생에게 두 달은 너무 긴 시간입니다. 일주일에 한 번씩 소소한 보상을 해 주고 마지막에는 좀 더 큰 보상을 해 주는 것이 좋습니다.

명구절을 삶의 좌표로 삼으세요

사자성어를 다 공부한 후에 베스트 명구절을 꼽아 보세요. 명구절은 '가장 기억에 남는 구절', '가장 큰 깨달음을 주었던 구절', '정말 멋지다고 생각한 구절', '가장 많이 생각하게 만든 구절' 등을 꼽으면 좋습니다.

이 중에서 평생 기억하고 싶은 사자성어를 한두 개 뽑아서 아이 책상에 붙여 놓으세요. 자주 읽어 보면 자연스레 인생의 좌표와 같은 역할을 해 줄 수 있을 것입니다.

학년이 올라간다고 사자성어 지식이 저절로 쌓이지 않습니다

사자성어 실력은 학년이 올라가면서 자연스럽게 늘어나지 않습니다. 따로 신경 써서 공부를 해야 합니다. 제가 이 책을 집필할 때 3학년 아이들을 대상으로 이 책에 나오는 55구절을 얼마나 아는지 조사했는데, 편차가 아주 컸습니다. 30구절 이상을 알고 있는 아이들이 있는가 하면 5구절도 모르는 아이들도 많았습니다. 따로 사자성어를 공부하지 않았다면 6학년이 되어도 20구절도 모르는 것이 정상일 것입니다. 이 책에 등장하는 사자성어 구절은 초등학생 정도라면 알고 있어야 할 구절들입니다. 조금만 관심을 가지면 충분히 배울 수 있습니다.

의미도 재미도 놓치지 않는 사자성어 공부법

제가 학교 현장에서 아이들을 지도하면서 효과적이었던 방법을 몇 가지 소개합니다. 이를 참고하셔서 아이에게 잘 맞는 사자성어 공부법을 찾아보시길 바랍니다.

사자성어는 한자 입문용으로 딱이다

'문해력'이라는 말이 화두로 등장하고 한자를 배우는 것이 문해력 향상에 좋다는 입소문을 타면서 한자 급수 시험에 대한 관심이 폭증했습니다. 하지만 학부모들의 기대와는 달리 아이들은 한자 급수 시험에 큰 흥미를 느끼기 어렵습니다. 한자 습득 방법에 문제가 있기 때문입니다.

한자는 낱자로 배우고 암기하는 것보다는 구(句)나 절(節) 혹은 문장으로 배우는 것이 좋습니다. 영어도 단어만 외우는 공부법보다는 관용구, 숙어, 문장 등을 통해 배우는 것이 더 좋은 것과 이치가 같습니다. 이런 측면에서 초등학생들에게 『사자성어』, 『사자소학』, 『명심보감』 같은 교재를 통해 한자를 배울 것을 강력 추천하고 싶습니다. 특히 사자성어로 한자를 배우는 것은 초등학교 저학년이나 한자를 입문하는 아이들에게 가장 좋은 한자 습득 방법입니다.

상황을 통해 재미있게 접해야 한다

사자성어는 상황을 통해 배우는 것이 가장 효과적입니다. 상황을 통해 배워야 이해가 쉽고 재미있게 배울 수 있습니다. 이런 측면에서 이 교재는 제격이라 할 수 있습니다. 사자성어에 어울리는 상황을 만화로 접하게 해 주기 때문에 아이가 쉽고 재미있게 사자성어를 접할 수 있습니다. 여기에서 그치는 것이 아니라 사자성어의 의미를 깊이 생각하고, 활용할 수 있는 데까지 도움을 주고 있습니다. 책의 뒷면에 있는 사자성어 스티커를 이용해 아이와 재미있게 이야기를 나눌 수도 있습니다. 아이들의 배움에 '재미'가 빠지면 무엇이든지 지속될 수 없음을 알아야 합니다.

습득보다 활용이 더 중요하다

사자성어를 공부해서 그 뜻을 알고 암기하는 것도 중요하지만, 그것을 일상생활에서 잘 활용할 줄 알아야 합니다. 활용할 줄 모르면 죽은 지식이나 다름없습니다. 사자성어를 공부하는 목적은 사자성어 뜻을 알고 암기하여 퀴즈대회에 나가고자 함이 아닙니다. 자신이 배워 알게 된 사자성어를 일상생활 속에서 능수능란하게 활용하기 위함입니다. 일상에서 사자성어를 인용해서 말하는 습관을 들이는 것이 좋습니다.

"오늘 엄마가 맛있는 불고기 반찬에 개운한 김칫국을 해 주시니 금상첨화네요."

"숙제를 안 해 갔는데 설상가상으로 선생님께 걸려서 혼났어요."

이처럼 일상생활 속에서 사자성어를 인용하여 말할 수 있게 도와주고, 사자성어를 적절하게 활용해서 말할 때 칭찬과 격려를 아끼지 말아야 합니다. 또한 글을 쓸 때도 사자성어를 넣어서 글을 쓰게 하는 것이 좋습니다. 일기를 쓸 때 사자성어를 한두 개 넣어서 쓰는 것을 연습하면 인용 글쓰기의 기초를 닦을 수 있습니다.

고사성어는 유래나 배경 이야기를 아는 것이 좋다

사자성어 중에는 '어부지리(漁父之利)', '새옹지마(塞翁之馬)', '사면초가(四面楚歌)'와 같이 고사성어에서 유래한 말들이 많습니다. 이런 고사성어들은 한자만으로는 그 뜻을 이해하기가 어렵습니다. 고사성어와 연결된 배경 이야기를 아는 것이 필요합니다. 그래야 사자성어의 뜻을 제대로 이해할 수 있고 활용도를 높일 수 있습니다. 이 교재에서 소개된 사자성어

중에도 고사성어가 제법 있습니다. 지면 관계상 충분한 배경 이야기를 담지 못했음을 양지하시고, 자녀에게 보충 설명을 해 주면 좋겠습니다.

소학이나 명심보감에도 도전한다

아이가 사자성어를 공부하는 데 거부감이 없고 재미있어 한다면 『사자소학』이나 『명심보감』 같은 고전 읽기에 도전해 보라고 권하고 싶습니다. 사자성어를 배울 수 있을 정도면 『사자소학』이나 『명심보감』 같은 고전도 충분히 배울 수 있습니다. 사자성어는 아이의 지식을 넓혀 주는 측면이 크지만, 『사자소학』이나 『명심보감』 같은 고전은 아이의 지혜를 넓혀 줍니다. 아이의 도덕성이나 사회성을 높여 주고 좋은 생활 습관 형성에도 매우 큰 도움을 줄 것입니다.

특별부록 2

오늘의 퀴즈 정답지

순서		정답
1장. 말의 중요성 편	01 감언이설	1 언, 설 2 言(말씀 언) 3 利(이로울 리)
	02 금시초문	1 시, 초 2 今(이제 금) 3 初(처음 초)
	03 단도직입	1 도, 직 2 直(곧을 직) 3 入(들 입)
	04 동문서답	1 문, 답 2 問答(문답) 3 東西(동서)
	05 마이동풍	1 마, 동 2 馬(말 마) 3 風(바람 풍)
	06 박장대소	1 박, 장 2 拍(칠 박) 3 笑(웃을 소)
	07 시시비비	1 시, 비 2 是非(시비) 3 是(옳을 시)
	08 어불성설	1 불, 성 2 語(말씀 어) 3 成(이룰 성)
	09 언중유골	1 언, 중 2 言(말씀 언) 3 骨(뼈 골)
	10 유구무언	1 구, 언 2 口(입 구) 3 有無(유무)
	11 이심전심	1 심, 심 2 心(마음 심) 3 傳(전할 전)
	12 횡설수설	1 설, 설 2 橫(가로 횡) 3 說(말씀 설)

순서		정답
2장. 인간관계 편	13 결초보은	1 보, 은 2 草(풀 초) 3 恩(은혜 은)
	14 막상막하	1 상, 하 2 上下(상하) 3 莫(없을 막)
	15 배은망덕	1 은, 덕 2 恩德(은덕) 3 背(배반할 배)
	16 백년해로	1 년, 로 2 老(늙을 로) 3 百年(백년)
	17 어부지리	1 지, 리 2 漁(고기 잡을 어) 3 利(이로울 리)
	18 역지사지	1 지, 사 2 地(땅 지, 처지 지) 3 思(생각 사)
	19 유유상종	1 상, 종 2 類(무리 유) 3 從(좇을 종)
	20 인과응보	1 응, 보 2 因果(인과) 3 應(응할 응)
	21 장유유서	1 유, 서 2 幼(어릴 유) 3 序(차례 서)
	22 죽마고우	1 마, 우 2 竹(대 죽) 3 友(벗 우)
	23 타산지석	1 산, 지 2 他(다를 타) 3 山(뫼 산)

순서		정답
3장. 노력과 성공 편	24 개과천선	1 개, 천 2 改(고칠 개) 3 過(잘못 과)
	25 괄목상대	1 목, 상 2 刮(비빌 괄) 3 目(눈 목)
	26 금상첨화	1 금, 화 2 添(더할 첨) 3 花(꽃 화)
	27 노심초사	1 초, 사 2 勞(힘쓸 노) 3 思(생각 사)
	28 대기만성	1 기, 성 2 大(큰 대) 3 成(이룰 성)
	29 동분서주	1 분, 주 2 奔走(분주) 3 走(달릴 주)
	30 명실상부	1 상, 부 2 자기 이름 3 實(열매 실)
	31 불철주야	1 철, 주 2 撤(거둘 철) 3 晝夜(주야)
	32 유비무환	1 무, 환 2 備(갖출 비) 3 患(근심 환)
	33 이열치열	1 치, 열 2 熱(더울 열) 3 治(다스릴 치)
	34 일사천리	1 천, 리 2 瀉(쏟을 사) 3 千里(천리)
	35 일석이조	1 이, 조 2 石(돌 석) 3 鳥(새 조)
	36 일취월장	1 취, 월 2 就(이룰 취) 3 將(나아갈 장)
	37 자포자기	1 자, 자 2 棄(버릴 기) 3 自(스스로 자)
	38 작심삼일	1 삼, 일 2 作(지을 작) 3 心(마음 심)
	39 주경야독	1 경, 독 2 晝夜(주야) 3 耕(밭갈 경)
	40 학수고대	1 수, 고 2 首(머리 수) 3 待(기다릴 대)

순서		정답
4장. 역경과 지혜 편	41 고진감래	1 진, 감 2 苦(쓸 고) 3 甘(달 감)
	42 과유불급	1 유, 급 2 過(지날 과) 3 及(미칠 급)
	43 무용지물	1 지, 물 2 用(쓸 용) 3 物(만물 물)
	44 비일비재	1 일, 재 2 再(두 재) 3 非(아닐 비)
	45 사면초가	1 사, 초 2 四面(사면) 3 歌(노래 가)
	46 사상누각	1 사, 누 2 沙(모래 사) 3 上(위 상)
	47 사필귀정	1 귀, 정 2 必(반드시 필) 3 正(바를 정)
	48 설상가상	1 가, 상 2 雪(눈 설) 3 加(더할 가)
	49 속수무책	1 수, 무 2 束(묶을 속) 3 手(손 수)
	50 송구영신	1 구, 신 2 送(보낼 송) 3 新(새로울 신)
	51 십중팔구	1 팔, 구 2 九(아홉 구) 3 中(가운데 중)
	52 양자택일	1 자, 일 2 兩(둘 양) 3 擇(고를 택)
	53 온고지신	1 온, 지 2 故人(고인) 3 新(새 신)
	54 우왕좌왕	1 왕, 왕 2 往(갈 왕) 3 左右(좌우)
	55 호사다마	1 사, 다 2 好(좋을 호) 3 多(많을 다)

사자성어 스티커 사용법 (한글-한자-뜻풀이)

다음의 순서에 맞춰서 아이와 함께 스티커를 붙이며, 사자성어를 재미있게 공부할 수 있습니다.

① 공책에 한글 스티커를 먼저 붙입니다.
② 이에 맞는 한자와 뜻풀이 스티커를 함께 붙여 주세요.
③ 스티커를 모두 붙인 후 사자성어를 함께 읽어 보며 공부해요.

국어 쑥쑥 표현 쑥쑥
초등 사자성어

초판 1쇄 발행 2023년 4월 19일
초판 3쇄 발행 2024년 9월 10일

지은이 송재환
그린이 인호빵
펴낸이 최순영

출판1 본부장 한수미
라이프 팀장 곽지희
편집 김소현

펴낸곳 ㈜위즈덤하우스 **출판등록** 2000년 5월 23일 제13-1071호
주소 서울특별시 마포구 양화로 19 합정오피스빌딩 17층
전화 02) 2179-5600 **홈페이지** www.wisdomhouse.co.kr

ISBN 979-11-6812-313-7 63700

점선을 따라 잘라 주세요.

	감언이설	금시초문	단도직입
동문서답	마이동풍	박장대소	시시비비
어불성설	언중유골	유구무언	이심전심
횡설수설	결초보은	막상막하	배은망덕
백년해로	어부지리	역지사지	유유상종
인과응보	장유유서	죽마고우	타산지석
개과천선	괄목상대	금상첨화	노심초사
대기만성	동분서주	명실상부	불철주야
유비무환	이열치열	일사천리	일석이조
일취월장	자포자기	작심삼일	주경야독
학수고대	고진감래	과유불급	무용지물
비일비재	사면초가	사상누각	사필귀정
설상가상	속수무책	송구영신	십중팔구
양자택일	온고지신	우왕좌왕	호사다마

점선을 따라 잘라 주세요.

	甘言利說	今始初聞	單刀直入
東問西答	馬耳東風	拍掌大笑	是是非非
語不成說	言中有骨	有口無言	以心傳心
橫說竪說	結草報恩	莫上莫下	背恩忘德
百年偕老	漁夫之利	易地思之	類類相從
因果應報	長幼有序	竹馬故友	他山之石
改過遷善	刮目相對	錦上添花	勞心焦思
大器晩成	東奔西走	名實相符	不撤晝夜
有備無患	以熱治熱	一瀉千里	一石二鳥
日就月將	自暴自棄	作心三日	晝耕夜讀
鶴首苦待	苦盡甘來	過猶不及	無用之物
非一非再	四面楚歌	沙上樓閣	事必歸正
雪上加霜	束手無策	送舊迎新	十中八九
兩者擇一	溫故知新	右往左往	好事多魔

점선을 따라 잘라 주세요.

	달콤한 말과 이로운 말	이제야 비로소 처음 듣는다.	홀로 칼을 휘두르며 곧장 적진으로 들어간다.
동쪽을 물으니 서쪽을 답한다.	말의 귀에 스치는 동쪽 바람	손뼉을 치며 크게 웃음.	옳은 것을 옳다고 하고, 그른 것을 그르다고 함.
말이 말도 안 된다.	말 속에 뼈가 있다.	입이 있으나 할 말이 없음.	마음에서 마음으로 전한다.
가로로 말하다가 세로로 말한다.	풀을 묶어서 은혜를 갚는다.	위도 없고 아래도 없다.	은혜를 배신하고 은덕을 잊음.
백 년 동안 함께 살면서 늙어 가다.	어부의 이익	처지를 바꾸어 생각하다.	같은 무리끼리 서로 따르고 좇음.
원인과 결과에는 그에 합당한 이유가 있다.	어른과 아이는 차례가 있다.	대나무 말을 타고 놀던 옛 친구	다른 산의 돌
잘못을 고치고 착하게 바뀌다.	눈을 비비고 상대방을 본다.	비단 위에 꽃을 더하다.	마음으로 애를 쓰며 속을 태우다.
큰 그릇은 늦게 만들어진다.	동쪽으로 달리고 서쪽으로 달린다.	이름과 실제가 서로 부합한다.	낮에도 밤에도 멈추지 않는다.
준비를 잘하면 걱정이 없다.	열은 열로서 다스린다.	한 번 쏟아진 물이 천 리를 흐른다.	돌 하나로 새 두 마리를 잡는다.
매일 이루고 매월 나아간다.	자기 스스로를 해치고 스스로 버리다.	먹은 마음이 삼 일을 못 넘기다.	낮에는 밭을 갈고 밤에는 책을 읽는다.
학처럼 머리를 길게 빼고 몹시 기다린다.	쓴 것이 다하면 단 것이 온다.	지나침은 오히려 미치지 못함과 같다.	쓸모없는 물건
하나도 아니요, 둘도 아니다.	사방에서 들려오는 초나라 노래	모래 위에 세워진 누각	모든 일은 반드시 바름으로 돌아간다.
눈 위에 다시 서리가 내리다.	손이 묶여 아무런 계책을 세울 수 없다.	옛것을 보내고 새로운 것을 맞이하다.	열 가운데 여덟이나 아홉
두 가지 가운데 한 가지를 선택하다.	옛것을 익히고 새것을 안다.	오른쪽으로 갔다 왼쪽으로 갔다 하다.	좋은 일에는 방해가 많이 따른다.